Marietta Wischmeyer

Das Finden der Sinne
Sensorische Integration und Lesenlernen

Marietta Wischmeyer

Das Finden der Sinne

Sensorische Integration und Lesenlernen

borgmann

Der Text erschien 1998 als Skript der Fernuniversität Gesamthochschule in Hagen, Fachbereich Erziehungs-, Sozial- und Geisteswissenschaften.

© 2000 verlag modernes lernen borgmann publishing GmbH & Co. KG,
D - 44139 Dortmund
Edition: borgmann publishing

2. Aufl. 2002

Gesamtherstellung: Löer Druck GmbH, Dortmund

Bestell-Nr. 8132   ISBN 3-86145-207-3

Inhalt

Vorbemerkungen

„Drimbolin gelien" steht an der Tafel der O2, von Bernd, einem Schüler, als Notiz vermerkt.

„Gehst du mit zur W – A – SCH – M – A – SCH – I – N – E ?", fragt Jan, achtjährig, ein Junge mit Autismus, der sich mit Hingabe für alles, was sich schnell dreht, interessiert (in diesem Fall ging es um den Schleudergang der Waschmaschine).

Zwei Beispiele für die unterschiedliche Anwendung schriftsprachlicher Kenntnisse von Schülern mit geistiger Behinderung. Weitere Beobachtungen im Schulalltag weisen auf das Interesse vieler Schüler am Schriftsprachlichen im weitesten Sinne hin:

das nachahmende Schreiben bei Schulanfängern, indem sie seitenweise geschwungene oder gezackte Linien schreiben; das nachahmende „Schreiben-wollen" bei älteren Schülern mit großem feinmotorischen Geschick; die Freude an Bild- und Fotobetrachtungen; das „Entschlüsseln-wollen" von bildsymbolischen Aussagen; das Interesse an Computer-Lernspielen zur Sprache; die Freude, Briefe zu schreiben oder zu erhalten, etc.

Viel Interesse also an den schriftsprachlichen Ausdrucksformen von Sprache bei Schülern mit sogenanntem ausgeprägten sonderpädagogischen Förderbedarf – und gleichzeitig viel Unsicherheit auf Schüler- und Lehrerseite, den Zugang zu der Lernwelt „Erstlesen- und -schreiben" zu finden. Groß ist die Sorge bei den Lehrerinnen und Lehrern, zu überfordern und zu entmutigen und vielleicht dadurch Türen für immer zu verschließen. Frustriert sind die Schülerinnen und Schüler, wenn ihre Konzentration und Aufmerksamkeit nicht ausreicht, sich geduldig diesem abstrakten Lerngegenstand zu nähern.

Dieses Buch möchte Lehrerinnen und Lehrer ermutigen in dreifacher Hinsicht:

* auf der Basis eines weit definierten Lesebegriffs die Lernwelt „Erstlesen" so zu gestalten, wie es einerseits den aktuellen Schülerinteressen- und -möglichkeiten entspricht und andererseits damit unverzichtbare Grundregeln des Lesenlernens so zu verknüpfen, daß ein didaktischer roter Faden hilfreich den Weg weist.

* den Schülerinnen und Schülern neue und andere Wege des Zugangs zu der Lernwelt „Schriftsprache" anzubieten: die sogenannte unterrichtsimmanente Förderung sensorischer Integration ist ein An-

gebot des Lernweges, der nach den konkreten „Selbst-Erfahrungen" der Autorin und ihrer Kollegin Brigitte Nonn für viele Schüler sehr hilfreich ist.

- die Motivation bei den Schülern immer wieder neu zu stärken, sich die Lernwirklichkeit „Erstlesen" zu erschließen – als stets begleitende pädagogische Herausforderung und Grundlage allen unterrichtlichen Geschehens.

Die Autorin möchte Lehrerinnen und Lehrer dazu ermutigen, den Lernbereich „Erstlesen" für die Schülerinnen und Schüler mit ausgeprägtem sonderpädagogischen Förderbedarf zu einem „Erfahrens-Feld mit allen Sinnen" werden zu lassen.

Das „handwerklich-didaktische Rüstzeug" zur Vermittlung von ersten Lesefähigkeiten darf nicht fehlen – der entscheidende „Funke aber springt über", wenn dieser abstrakte Lerngegenstand für die Schülerinnen und Schüler begreifbar, spürbar, fühlbar und mit allen Sinnen erlebbar wird.

Auf einer weiteren Ebene bietet das zu beschreibende Konzept durch das „Tätig-sein" an sogenannten Lernstationen vielfältige Lernmöglichkeiten auch unter dem Aspekt integrationspädagogischer Intentionen – **an einem jeglichen Förderort.**

Aufgrund der verschiedenen offenen Wege, die den einzelnen Bestandteilen des Ansatzes inne wohnen, ergeben sich Möglichkeiten der Begegnungen verschiedener Schüler einer Lerngruppe in der gemeinsamen und jeweils eigenen Auseinandersetzung mit der Lernwelt „Erstlesen".

Auf der Basis einer Philosophie des sogenannten „postmodernen Konstruktivismus", wie er z.B. von Maturana und Varela in ihrem Buch „Der Baum der Erkenntnis" dargestellt wird, läßt sich – allgemein formuliert – ableiten, daß alle Menschen, auch Menschen mit geistiger Behinderung, „Gestalter ihrer Welt" sind. Sie steht gleichberechtigt neben anderen Wirklichkeiten und verknüpft sich, unter gleicher Wertschätzung, mit anderen Welten zu sogenannten „konsensuellen Bereichen".

Aus diesem Denk- und Überzeugungsansatz, aus dem sich ein Bildungsbegriff ableitet, der sich auf die jeweils „eigen gestaltete Welt" des Menschen bezieht, ergeben sich Neuorientierungen und Chancen für eine Pädagogik, die das wichtigste Ziel hat, jedem Menschen zur Weiterentwicklung seiner Persönlichkeit, seiner Fähigkeiten und Interessen zu verhelfen, indem Lernangebote so flexibel und vielfältig bereitgestellt werden, wie sie der Vielfalt der menschlichen Äußerungsformen entsprechen.

Begründungen wiederkehrender Formulierungen und Begriffe: Im Text wird sowohl bei der Nennung von Personen die verallgemeinernde, vermeintlich neutrale Formulierung, wie z.b. „die Schüler" oder „die Pädagogen" etc. verwendet, als auch die, eigentlich bevorzugte, „gleichberechtigte" Verwendung von Formulierungen wie z.b. „Schülerinnen und Schüler". Die nicht stringent eingehaltene Verwendung der zweitgenannten Form begründet sich ausschließlich in der Praferenz für eine, nach subjektiver Einschätzung, gelungenere „literarische" Form, die in dem wechselnden Gebrauch beider Formulierungsmöglichkeiten liegt.

Der unterschiedliche Einsatz der Begrifflichkeiten: „Schüler mit ausgeprägtem sonderpädagogischen Förderbedarf" und „Schüler mit geistiger Behinderung" begründet sich in dem Ansehen einer sich ähnelnden Gruppierung von Schülerinnen und Schülern, wenngleich die beiden Formulierungen verschiedenen Paradigmen entsprechen.

1. Das Erlernen der Schriftsprache

1.1 Lesenlernen

Bevor das Kind in die Schule kommt, hat es bereits unterschiedlichste Spracherfahrungen gemacht. Es hat gelernt, Sprache als ein Medium zu benutzen, um sich mitzuteilen, verstanden zu werden und Mitteilungen anderer zu verstehen.

Mit Schuleintritt begegnet dem Kind Sprache nicht mehr nur als ein Medium, sondern Sprache wird in der Schule zum Gegenstand von Aufgaben. Dies verdeutlicht sich zuerst beim Schriftspracherwerb. Dabei wird der Schüler mit der Sprache in Gestalt visuell wahrnehmbarer Elemente konfrontiert, mit denen er, mittels verschiedener Verfahren, umzugehen lernt. Während dieses Erwerbsprozesses dürfen Schüler und Lehrer nicht aus dem Auge verlieren, daß es sich beim Lesen- und Schreibenlernen dennoch um sprachliche Aktivitäten handelt:

Schriftspracherwerb als doppelter Übersetzungsprozeß

„Lesen ist eine spezielle Kommunikationsform, die sich der Schrift als eines Repräsentationssystems von Sprache bedient ... Sie ist ein Zeichen (Schrift), das für ein anderes Zeichen (Sprache) steht und hat also, im Hinblick auf die Sache, einen doppelten Übersetzungsprozeß durchlaufen" (TOPSCH 1979, 11). BLEIDICK (1972, 18-26) faßt die Voraussetzungen zum Erlernen dieses „sekundären Repräsentationssystems" (TOPSCH) unter die Oberbegriffe: Begabung – Sprache – Visuelle Aufgliederung – Symbolverständnis und Motivation.

Mit dem Begriff „Begabung" meint Bleidick die Intelligenzhöhe eines Kindes, die, seiner Auffassung nach, so zu bewerten ist, „daß die Begabung des Kindes für das Lesenlernen zwar gewisse Grenzen steckt, aber nicht von ausschlaggebender Bedeutung ist" (BLEIDICK 1972, 20). Er betont die Aufgabe der Schule, die Stützfunktionen der Intelligenz wie Konzentration, Merkfähigkeit, Anregbarkeit etc. zu fördern, um dadurch die Erstleseleistungen bei den Schülern zu unterstützen.

Auf die Voraussetzungen, die Bleidick unter dem Begriff „Sprache" zusammenfaßte, sei auf das Konzept der „inneren Sprache" nach WYGOTSKI hingewiesen, das das „gedankliche Konzept der geschriebenen Sprache" darstellt (WYGOTSKI 1977, 338)

Schreiben kommt von Sprechen

Schließlich heben vor allem auch jüngere Autoren, wie z.B. SENNLAUB die Bedeutung des Sprechens hervor, indem er etwa postuliert: „Schreiben kommt vom Sprechen" oder: „erst sprechen, dann schreiben" (SENNLAUB 1980, 38) und der Meinung ist, daß unsere Schulen zuerst Sprechschulen sein müssen, sonst würden sie nie zu Schreibschulen.

Die ausführlichere Darstellung von weiteren Teilleistungsvoraussetzungen zum Lesen -und Schreibenlernen erfolgt gesondert in einem nachfolgenden Kapitel. Hier abschließend noch eine Anmerkung zum Methodenstreit über die Eignung analytisch-synthetischer Verfahren oder der ganzheitlichen Verfahren für den Leseerwerb: nach einer kritischen Analyse beider Verfahren stellt WACKER (in: WOLFRUM 1980, 125) folgende Schwierigkeiten heraus:

Das einzelheitliche Verfahren erschwert dem Kind die sinnvolle Lautgewinnung und Lautverschmelzung – das ganzheitliche Verfahren erschwert die Durchgliederung des Schriftmaterials. Zudem kritisiert WACKER, daß bei beiden Methoden wichtige Kenntnisse aus der Phonetik und Phonologie zu unberücksichtigt geblieben sind.

Methoden –
Integration

Er wirbt für eine Methodenintegration im Leselehrgang, die erstens die Durchdringung der drei Aspekte der Sprache (phonologischer, syntaktischer und semantischer Aspekt) in jeder Phase des Leselernprozesses beinhaltet; die zweitens die systematische Verbindung von Operationen verschiedenster Art (z.B. optische und akustische Diskrimination und Identifikation von Lauten und Buchstaben) gewährleistet und drittens die systematische Verbindung analytischer und synthetischer Aktivitäten in jeder Lerneinheit anstrebt.

1.2 Schreibenlernen

„Die Kinder beginnen, sich schriftlich zu äußern, wenn sie selbst das wollen. Wer Kindern in der Zeit der natürlichen Schreibbegierde das Schreiben verwehrt läßt den fruchtbarsten Augenblick nutzlos verstreichen und verwehrt Kindern die tief sich eindrückende Erfahrung: Schreiben macht Freude!" (GERHARD SENNLAUB 1980)

Als Voraussetzung des Schreibenlernens gilt die Kenntnis der Schrift und ihrer Zeichenelemente: „Schrift ist das Ergebnis der kombinatorischen Zusammensetzung von Zeichen nach den Regeln eines bestimmten Systems von Sinnträgern" (WACKER in: WOLFRUM 1980, 128). Beim Schreibenlernen handelt es sich um eine willkürlich gesteuerte Automatisierung von Bewegungsabläufen, die von der Kritzelschrift über die Schreibvorübungen des Schulanfängers bis zur individuell geprägten Schrift des Erwachsenen verläuft.

Für die Voraussetzungen zum Erlernen des Schreibens gilt es zunächst und fortwährend, Situationen zu schaffen, die eine Bereitschaft zum Schreibenlernen bei den Schülern wecken, forcieren und unterstützen; Situationen, in denen das Schreibenkönnen als Notwendigkeit und Wert angesehen wird.

Allgemein gelten weiterhin als Voraussetzungen: Sprache, Sprachverständnis, Formauffassung und Formgestaltung sowie Rhythmisierung und Automatisierung grob- und feinmotorischer Bewegungen. Unter Beachtung der Entwicklungsstufen graphischer Äußerungen bei Kindern, die – grob umrissen – vom Zeichnen (mit noch undifferenzierter Linienführung) über das schmückende Zeichnen (mit bewußter Beachtung ornamentaler Anordnungen) zum Schreiben (mit seinen ersten Anfängen im Sprechkritzeln und der Beachtung des Zeilenrhythmusses) verläuft, gliedern sich die meisten Schreiblehrgänge global in folgende Stufen:

Freude am Schreiben oft vor dem Leseprozeß

- vorbereitende Übungen;

z.B. Übungen zur Sprache, Hand- und Augenkoordination in Form von sprech- und singrhythmischen Bewegungsspuren, die sich schon an den Grundformen der gewählten Schrift orientieren – in Form großflächiger Gestaltungen; weiterhin: Vertrautmachen der Schüler im Umgang mit verschiedenen Schreibwerkzeugen und Materialien.

- Einführung der ersten Buchstaben;

z.B. durch Nachspuren in der Luft, auf Papier, an der Tafel in großflächiger Form; Üben von Bewegungsdetails; Unterstützen der Bewegungsabläufe durch Rhythmisieren im Sprechen und Singen; grundsätzliche Weiterführung motorischer Förderungen wie Ausmalen, Kneten, Kleben, etc.

- Stufe des hauptsächlichen Schreiberwerbs;

die 4 Aspekte dieses Lernweges: Inhalte (z.B. Buchstaben, Silben, Wörter, Sätze) – Verfahren (z.B. nachfahren, abschreiben, spontanschreiben) – Schreibwerkzeuge (z.B. Wachsstifte, Bleistifte, Filzstifte) – Schreibunterlagen (z.B. Luftschreiben, Papierbogen, Schreibhefte) gestalten sich in ihren Kombinationsmöglichkeiten fortschreitend differenzierter und münden dann ein in eine Stufe des Übergangs, die gekennzeichnet ist durch eine Abflachung des Neuerwerbs und durch eine Förderung der zunehmenden Automatisierung.

1.3 Zusammenhänge zwischen Lesen- und Schreibenlernen

Bei der Betrachtung dieses Komplexes ergeben sich Fragestellungen im Hinblick auf:

- Wahl der Schriftarten zur Ausgangsschrift

diesbezügliche Standpunkte fachlicher Vertreter in der Literatur divergieren und polarisieren sich zu dieser Frage ähnlich, wie dies beim Methodenstreit um die Leselernverfahren der Fall ist und müssen wohl auch im Zusammenhang damit gesehen werden.

So meint BLEIDICK, der sich im Übrigen für die Einführung von Gemischt-Antiqua, die zeitig in die Schreibschrift übergeleitet werden sollen, einsetzt: „Es liegt auf der Hand, daß konsequente ganzheitsmethodische Begründungen auf den hohen Verbundenheitsgrad der Schreibschrift sowohl beim Lesen als auch beim Schreibenlernen dringen müssen" (BLEIDICK 1972, 175).

SCHMALOHR und MONTESSORI sind der Auffassung, daß die Lernbereitschaft für das Lesen durch das Schreiben vorbereitet wird, und daß dabei eine einzige Schriftart verwendet werden soll – am besten die Druckschrift. J. MUTH sieht aufgrund der, von ihm durchgeführten empirischen Untersuchungen keinen Grund, Lesen- und Schreibenlernen in der gleichen Schriftart durchzuführen. Aus den Ergebnissen seiner Untersuchungen zieht er die Konsequenz: „daß zwei Schriftarten zu verwenden sind: die Druckschrift als erste Leseschrift (was nicht ausschließt, daß in eine Fibel auch beispielhafte Schreibschrifttexte aufgenommen werden), die lateinische Ausgangsschrift als erste Schreibschrift (heute vielfach: die vereinfachte Ausgangsschrift).

Auch die Frage nach der

- Verbindung von Lesen- und Schreibenlernen

läßt sich aus der entsprechenden Fachliteratur heraus fast nur mit gegensätzlichen Stellungnahmen beantworten. So hält CHOMSKY es für die Entsprechung einer „natürlichen Ordnung", die Kinder zuerst das Schreiben, dann das Lesen zu lehren und GRAMM plädiert für eine Trennung zwischen Lesen- und Schreibenlernen, da die jeweiligen Schwierigkeiten so verschieden seien, daß Kompromisse beiden Prozessen nur schaden könnten.

Schreiben hilft beim Lesenlernen

Erst in jüngerer Zeit hat sich die Aufmerksamkeit wieder auf die Verbindung von Lesen- und Schreibenlernen gerichtet. Dabei bemühen sich beispielsweise Autoren wie MENZEL und DEHN, den Schreiblehrgang nicht isoliert zu sehen und setzen sich für eine Integration der Methoden beim Lesen- und Schreibenlernen ein: „Das Schreiben wird aus dem Prozeß des Erlernens der Schriftsprache viel zu lange ausgespart. Dabei ist das Schreiben für die Synthese von unschätzbarer Bedeutung. Beim Schreiben können nämlich Synthetisierungsvorgänge in ihrem zeitlichen Vollzug deutlicher zum Ausdruck kommen, schreibend erst lassen sie sich adäquat durchführen und durch die motorische Realisation unterstützt, auf optimale Weise miteinander verbinden: das Zusammenschleifen von ersten Lautkombinationen wird erst sprechend geübt, die Kombinationen werden sodann geschrieben und endlich wieder gelesen".

Diesem Standpunkt sei unterstützend der Gesichtspunkt hinzugefügt, daß eine Integration beider Prozesse als Entsprechung der Gemeinsamkeit der Kommunikation, geistigen Aneignung und Durchdringung den Schülern motivierend den pragmatischen Aspekt des Schriftspracherwerbs verdeutlicht und nicht nur Teilfertigkeiten beim Lesen und Schreiben wechselweise stützt und Lernvorgänge vergegenständlicht, sondern auch Rechtschreiben und vor allem konzeptuelles Schreiben, als ein Hauptziel des Schreiblehrgangs, wesentlich stärker vorbereitet und forciert.

Im Zusammenhang mit den vorab aufgeworfenen Fragestellungen sei abschließend, in engem Bezug dazu stehend,

* die Fibelfrage

kurz erörtert. Mit der Wahl des Lese- und Schreiblernwerkes werden wichtige methodische Vorentscheidungen getroffen hinsichtlich der angesprochenen didaktischen und methodischen Sachverhalte. Wenngleich heute die Fibel nicht mehr so stark das alleinige und zentrale Medium des Erstlese- und Schreiblehrgangs darstellt, sondern vielfach dem Bedingungsgefüge der jeweiligen Schülerschaft entsprechend, im unterrichtlichen Geschehen variiert und ergänzt wird und werden muß, ist eine kritische Prüfung des jeweiligen Werkes im Hinblick auf die darin angebotenen Materialien, angesprochenen operatorischen Prozesse, Motivationsgehalte, Nebeneffekte (z.B. im Bereich sozialer Erziehung) unabdingbar erforderlich.

Das Erstlesewerk ist nur ein roter Faden

Der Entscheidungsprozeß muß vor allem auch geleitet sein von der Frage nach der in der Fibel verwendeten Antiqua. Fibeln mit gemischter Antiqua haben sich mehr und mehr durchgesetzt – Schreibschrift-Fibeln wurden in dem vermeintlichen Glauben entwickelt, das Schreibenlernen zu unterstützen, indem nur eine Schrift verwandt wird. Die Nachteile der schlechteren optischen Gliederung beim Lesen, das geringe Vorkommen der Schreibschrift in der schriftsprachlichen Umwelt und die Vermischung des Lese- und Schreibprozesses durch eine Schriftart bestätigen die genannten Vorteilsgesichtspunkte für Fibeln mit gemischter Antiqua.

2. Besonderheiten beim Lesen- und Schreibenlernen

Nach der knappen, „querschnittartigen" Darstellung einiger allgemeingültiger Aspekte zum Erstleseprozeß, sollen nun die Teilleistungsvoraussetzungen besonders hervorgehoben werden, die relevant sind für das nachfolgend vorzustellende Konzept. In einem weiteren Kapitel seien auch besonders die Schwierigkeiten benannt, mit denen sich die hier angesprochene Schülerschaft mit ausgeprägtem sonderpädagogischen Förderbedarf vor allem auseinandersetzen muß. Das, im Kapitel 3 als Schwerpunkt dieses Studienheftes vorzustellende Konzept, begründet sich in den folgenden Erörterungen der sogenannten (Teil-) Fähigkeiten als Voraussetzungen zum Schriftspracherwerb.

2.1 Teilleistungsvoraussetzungen

Im Folgenden soll eine knappe Zusammenfassung der Leselernvoraussetzungen, die für das Konzept relevant sind, in einer übersichtlichen Aufzählung dargestellt werden:

- die Kinder müssen erleben und erkennen, daß Schriftwörter Redeeinheiten darstellen, daß lautliche Kommunikation auch aufgeschrieben werden kann.
- Die Leserichtung und das Zeilenprinzip müssen erkannt werden.
- Das Unterscheiden und Wiedererkennen von Schriftwörtern und deren Teilstruktur sowie das Unterscheiden und Wiedererkennen von Buchstaben bezieht sich auf Leselernvoraussetzungen im Bereich der **visuellen Wahrnehmung:**
  - die visuelle Ausdifferenzierung der Figur des Buchstabens
  - die Wahrnehmungskonstanz, die dazu befähigt, verschiedene Formen einer bestimmten Formenkategorie zuzuordnen, z.B. bei dem Erkennen verschiedener Schriftbilder
  - die Wahrnehmung der Raumlage führt dazu, daß die Buchstaben in eine richtige Beziehung zum Leser gesetzt werden

Der Bereich der visuellen Wahrnehmung mit vielen Teilbereichen

- die Wahrnehmung räumlicher Beziehungen führt dazu, die Buchstaben in ihrer Verbindung zueinander zu erkennen
- die Wahrnehmung zeitlicher Abläufe führt zu dem Erkennen von Reihenfolgen (seriale Fähigkeiten)

• Das Erfassen der Lautqualität durch Analyse von Sprache und Schrift bezieht sich auf die **auditive Wahrnehmung:**

- die allgemeine Fähigkeit der Lauterfassung und -wiedergabe

die „abstrakte" Leistung der auditiven Wahrnehmung

- die Fähigkeit, die lautlichen Abfolgen der gesprochenen Sprache bis auf die einzelner Phoneme aufzugliedern
- damit verbunden ist die Fähigkeit zur akustischen Analyse und Synthese
- um die Einzellaute aus einem Wort herauszulösen und wieder zu einem Gesamtkomplex zusammenzufassen, ist eine ausreichende Hörgedächtnisspanne notwendig
- damit verbunden ist die Fähigkeit zur Reihenfolgeerfassung und zur Gliederung akustischer Gestalten

• Das Erschließen von Bedeutungen durch **Synthese** vollzieht sich vor allem nach folgenden Prinzipien:

Synthese im Sinnrahmen

- der Einsatz von Syntheseübungen in einem Sinnrahmen
- das Erschließen neuer Bedeutungen durch Syntheseübungen in jeder Phase des Lesenlernens
- die Übungen des „Übergang-Schaffens" von der Vorgestalt in die Endgestalt von Wörtern (der „schöpferische Sprung)
- die bewußte Auswahl der ersten zu erlesenden Wörter nach phonetischen Gesichtspunkten

• Motorische Voraussetzungen betreffen vor allem das Schreibenlernen:

- lockere Finger- und Handmotorik ist eine Voraussetzung für die Stifthaltung und die Einhaltung einer vorgegebenen Linie beim Schreiben von Buchstabenfolgen

- eine angemessene Steuerung der äußeren Augenmuskeln ermöglicht das fließende Lesen und Schreiben

- die Fähigkeit zum Überkreuzen der Mittellinie ist notwendig, um das ganze Blatt von links nach rechts auszunutzen

- eine ausgeprägte Handdominanz erleichtert das Schreibenlernen

- eine ausgeprägte Praxie ist notwendig, um den Bewegungsablauf des Schreibens zu planen und zu automatisieren

  Praxie und Dyspraxie

- der Auge-Hand-Koordination kommt besondere Bedeutung bei allen schreibmotorischen Aktivitäten zu.

Das Fundament und ständig begleitend wirksamer Faktor beim Lesen- und Schreibenlernen ist vor allem die Motivation. Die Kinder immer wieder neu für den Erwerb der Schriftsprache zu begeistern – auf der Grundlage ihrer jeweiligen Lebens- und Lerninteressen – ist eine Voraussetzung zu allem.

Abschließend zu diesem Kapitel sei angemerkt, daß die Trennung in die verschiedenen beschriebenen Bereiche eine künstliche ist. Es sollte bei der Darstellung bewußt gemacht werden, wie eng das Lesenlernen mit der Entwicklung der Wahrnehmung und Motorik, neuronalen Integrationsprozessen sowie emotionalen Faktoren verknüpft ist.

2.2 Das Erstlesen bei Schülern mit ausgeprägtem sonderpädagogischen Förderbedarf

Beim Schriftspracherwerb führen im Einzelnen vor allem folgende Beeinträchtigungen zu einem erschwerten Erstleseprozeß für die angesprochenen Schülerinnen und Schüler:

aus Teilleistungsvoraussetzungen können sich Teilleistungsschwierigkeiten ableiten – eine Frage der didaktischmethodischen Konsequenzen

- Schwierigkeiten im Symbolverständnis

- Visuelle Wahrnehmungsbeeinträchtigungen

- Auditive Wahrnehmungsbeeinträchtigungen

- Laut- und Satzbildungsschwierigkeiten

- Motorische Beeinträchtigungen

19

- Konzentrations- und Gedächtnisschwierigkeiten

- nicht sehr umfangreicher passiver und aktiver Wortschatz

- Sprechrhythmusbeeinträchtigungen

- oft noch geringe Motivation und Mißerfolgserwartung

verschiedene Teilleistungsschwierigkeiten wirken wechselweise aufeinander ein

Diese Aufzählung ist nicht additiv zu verstehen; vielmehr sind alle Beeinträchtigungen oder Störungen in ihrer Wirkung miteinander verbunden und führen so zu einem erschwerten Zugang zum Schriftsprachlichen für die jeweiligen Schülerinnen und Schüler. So wie Lesen und Schreiben als ein integrierter kognitiver Prozeß anzusehen ist, in dessen gelingenden Ablauf viele Faktoren ergänzend, aufeinander bezogen und in Abhängigkeit zueinander stehend, wirken – so gilt das auch für die einzeln genannten Beeinträchtigungen. Letztlich sind die sogenannten Teilleistungsfähigkeiten und Teilleistungsbeeinträchtigungen auf eine, sich aufbauende, abgerundete (bzw. beeinträchtigte) Wahrnehmungsentwicklung zurückzuführen. MISKE-FLEMMING kennzeichnet die Lese-, Schreib- und Rechenfähigkeiten als Endprodukte eines sich hierarchisch aufbauenden Integrationsprozesses von Funktionen vorausgehender Stufen.

JACOBI bezeichnet die Wahrnehmungsentwicklung zwischen fünf und elf Jahren als eine zunehmende intersensorische Organisation, die eine wesentliche Voraussetzung für das Lesen- und Schreibenlernen darstellt. GUTEZEIT charakterisiert das Lesen als einen intersensorischen Prozeß, bei dessen Ablauf mehrere sensorische Areale zueinander in Beziehung treten müssen. Im Rahmen des Erstleseprozesses werden z.B. beide Hemisphären beansprucht: bei der visuell räumlichen Wahrnehmung z.B. die rechte Hemisphäre und bei sprachlichen Informationen z.B. die linke Hemisphäre. So erfordert das Lesen nach AYRES eine interhemisphärische Integration (in diesem Zusammenhang sei auf die sehr aufschlußreiche Darstellung von MEISTER-VITALE zur praktischen Bedeutung von Hemisphärendominanzen hingewiesen).

Als Konsequenz aus den dargestellten Ableitungen von Teilleistungsbeeinträchtigungen aus einer erschwerten oder gestörten Wahrnehmungsentwicklung ergibt sich die Forderung nach einem Leselernkonzept, das diesen, oft zu konstatierenden Leselernvoraussetzungen bei Schülerinnen und Schülern mit ausgeprägtem sonderpädagogischen Förderbedarf Rechnung trägt.

An dieser Stelle sollen aber vorab noch einige, aus der praktischen Erfahrung gewonnene, pädagogische und didaktische Grundsätze zum Erstlesen bei Schülern mit sonderpädagogischen Förderbedarf genannt sein:

- den sogenannten Leselernvorübungen kommt eine besondere Bedeutung zu. Schon mit Schuleintritt spielerisch und motivierend Grundzüge des Lesens vorzubereiten (z.B. Reihenbildungen von links nach rechts zu üben) spielt eine entscheidende Rolle in der späteren Aneignung der Schriftsprache (in der Darstellung der sensomotorischen Lernschrittfolge soll ausführlicher darauf eingegangen werden). *die Frage der Lesemotivation steht ganz oben*

- Die Anregung von kommunikativen Situationen und Begegnungen im weitesten Sinne dessen, wie sprachliche Ebenen zu verstehen sind, ist ebenfalls von großer Bedeutung für einen erfolgreichen Erstleseprozeß. Freude am sprachlichen Ausdruck – wie auch immer – lautierend, singend, bilderbetrachtend, rollenspielend – bereitet die Freude am schriftsprachlichen Ausdruck vor.

- Konkret und anschaulich soll den Schülerinnen und Schülern schon im Schuleingangsalter mehr und mehr ein Gefühl dafür vermittelt werden, daß das was gesprochen wird auch aufgeschrieben werden kann.

- Jeder Leselehrgang, der ausgewählt wird, muß individualisiert werden. Für die Pädagoginnen und Pädagogen kann er als didaktischer „roter Faden" gelten – für die Schülerinnen und Schüler muß er hinsichtlich ihrer Lerninteressen- und Bedürfnisse variiert werden.

2.3 Der erweiterte Lesebegriff

Nicht zuletzt aus der, in den Vorbemerkungen angedeuteten Philosophie der „jeweils eigen gestalteten Welt" ergibt sich auch für die Lernwelt **Erstlesen** die Verwendung eines Lesebegriffs, der zum einen dem vielseitig zu gestaltenden Umgang mit Schriftsprachlichem im weitesten Sinne folgt und zum anderen hier auch ganz konkret den unterschiedlichsten Lernvoraussetzungen und -fähigkeiten der angesprochenen Schülerschaft entspricht.

In diesem Sinne sei die definitorische Grundlage des, diesem Konzept zugrunde liegenden Lesebegriffs wie folgt benannt:

ein so verstandener Leseunterricht berührt die verschiedenen Interessen von Schülern

„Der Leseunterricht in der Schule für geistig Behinderte beschränkt sich nicht auf das Lesen von Buchstaben und Schrift, sondern schließt auch das Verstehen von Gegenständen, Situationen, Bildern, Bildzeichen, Signalen u.a. mit ein. Die Schüler lernen, in ihrer Umgebung nach Zeichen zu suchen, die ihnen etwas sagen. Dieser erweiterte Leseunterricht geschieht in Verbindung mit der schrittweisen Eroberung der Umwelt und hat auch eine Berechtigung für Schüler, die im Augenblick noch keinen Zugang zur Buchstabenschrift finden oder die nicht sprechen können. Im Mittelpunkt dieses Leseunterrichts steht die Suche nach Sinngehalten in allen Bereichen der menschlichen und gegenständlichen Umwelt.

Lesen in der Schule für geistig Behinderte ist deshalb in einem weiteren Sinne zu verstehen, nämlich als Wahrnehmen, Deuten und Verstehen von konkreten, bildhaften, symbolhaften oder abstrakten Zeichen und Signalen, die sprachfrei oder sprachgebunden sein können (STAATSINSTITUT FÜR SCHULPÄDAGOGIK. MÜNCHEN 1982).

3. Ein lehrwerkeübergreifendes Konzept

Die sensomotorische Lernschrittfolge und unterrichtsimmanente Förderung sensorischer Integration beim Erstlesen von Schülern mit geistiger Behinderung

Stellte man einmal schlicht und einfach „den Ball" in den Mittelpunkt wahrnehmungsphilosophischer Betrachtungen, würde man recht bald seine Vielseitigkeit entdecken, die dazu verleitet, auf verschiedenen Ebenen „frei zu assoziieren": „sich die Bälle zuwerfen" – „immer am Ball bleiben" und: „der Ball ist rund!" sagt schon der Volksmund. In „philosophische" Richtungen lenken Gedankenketten wie: „der Ball ist rund – ganz – ganzheitlich – kommt durch Bewegung in Bewegung etc.".

Im pädagogisch-psychologischen Bereich stellt sich der Ball als „Motivationskünstler", als Überbringer neurophysiologischer Erfahrungen, als sozialer Vermittler, als motorischer „Lehrmeister" dar und hier vor allem: er vermittelt „Ansprachen" in den Nahsinnessystemen genauso wie er als Wahrnehmungsobjekt psychomotorischer Übungen dient. Um Beides geht es in diesem Kapitel.

Ein Konzept zum Erstlesen soll vorgestellt werden, das sowohl psychomotorische als auch Übungen zur sensorischen Integration in den Nahsinnessystemen enthält. Es ist das Ergebnis einer „vielspurig" verlaufenen Suche nach „dem Weg" des Erstlesens mit sechs (damals sieben- bis achtjährigen) Schülern mit geistiger Behinderung. Sicher waren die Gespräche mit Kollegen, Fortbildungen und Fachliteratur wichtige Ratgeber – entscheidend aber war die Umsetzung gemeinsamer Lernerfahrungen mit den Schülern für die Gestalt des Konzepts.

ein Konzept, gewonnen aus praktischer Erfahrung

3.1 Definition und wesentliche Bestandteile des Konzepts der Förderung sensorischer Integration.

Das therapeutische Konzept der sensorischen Integration wurde von der amerikanischen Ergotherapeutin und Psychologin Dr. Jean Ayres begründet. Die Grundlage ihres Konzepts erarbeitete Ayres in den fünfziger Jahren während ihrer ergotherapeutischen Arbeit mit neurologisch gestörten Kindern und Erwachsenen. Dabei beobachtete und konstatierte sie den Zusammenhang zwischen neurologischen Auffälligkeiten und beeinträchtigten kognitiven Fähigkeiten. Sie konzentrierte sich deshalb als Forscherin (sie wurde 1950 für ein Forschungsprojekt „Lernstörungen" von der Regierung als Mitarbeiterin berufen) mit ihrem Hauptinteresse auf Kinder mit Störungen in der Wahrnehmungsverarbeitung, des Lernvermögens und des Verhaltens, deren Ursachen nicht geklärt werden konnten.

So erforschte sie in dieser Zeit die neurologischen Grundlagen des Lernens anhand der damals aktuellen Erkenntnisse. Im Mittelpunkt dieser Forschungen stand ihre Überzeugung, daß die Wahrnehmungsverarbeitung von Sinneseindrücken über **alle** Sinnesbahnen des Körpers eine zentrale Rolle spielen würde während der Suche nach Antworten zu der von ihr gestellten Ausgangsfrage.

Jean Ayres als Begründerin des Therapiekonzeptes „Sensorische Integration"

1979 veröffentlichte Jean Ayres in ihrem Buch „Lernstörungen – sensorisch integrative Dysfunktionen" die Ergebnisse ihrer Forschungsarbeit, in der sie Zusammenhänge zwischen Störungen der Wahrnehmungsverarbeitung und Lernstörungen nachweist. In ihrem 1984 erschienen Buch „Bausteine der kindlichen Entwicklung" legt sie diese Zusammenhänge in Form eines Elternratgebers vor.

Auf dem Gebiet der Diagnostik entwickelte sie ein Instrumentarium zur Grundlage der sensorischen Integrationstherapie: „Die Southern California Sensory Integration (SCSIT 1972 / 1980) Testbatterie. Damit werden verschiedene Aspekte sensorisch-integrativer Dysfunktionen untersucht.

3.1.1 Definitionen

„Sensorische Integration" und „sensorisch-integrative Dysfunktion" sind Grundbegriffe des theoretischen Konzepts von Jean Ayres. Sie definiert sensorische Integration als einen „Prozeß des Ordnens und Verarbeitens sinnlicher Eindrücke (sensorischen Inputs), so daß das Gehirn eine brauchbare Körperreaktion und ebenso sinnvolle Wahrnehmungen, Gefühlsreaktionen und Gedanken erzeugen kann. Die sensorische Integration sortiert, ordnet und vereint alle sinnlichen Eindrücke des Individuums zu einer vollständigen und umfassenden Hirnfunktion" (Ayres, 1984, S. 37).

Dieser Ablauf vollzieht sich ständig in allen Handlungen unseres täglichen Lebens: „Stellen Sie sich vor, sie schälen und essen eine Orange. Sie empfinden die Orange ebenso über die Augen, die Nase, den Mund, wie über die Haut Ihrer Hand und an den Fingern. Und ebenso müssen Muskeln und Gelenke innerhalb Ihrer Finger, Hände, Arme und im Mund gefühlt werden. Woher wissen Sie, daß es sich um eine einzige Orange handelt und nicht um mehrere? Was veranlaßt Ihre zwei Hände und zehn Finger, diese gesamte Arbeit in gutem Zusammenspiel durchzuführen? Alle Sinneseindrücke von der Orange und alle Wahrnehmungen seitens der Finger und Hände werden im Gehirn zusammengesetzt – integriert – , und dieses Zusammenfügen einzelner Impulse ermöglicht dem Gehirn, die Orange als ein Ganzes zu erkennen und Ihre Hände und Finger beim Schälen der Orange koordiniert zu gebrauchen. Sensorische Integration resp. Verarbeitung von sinnlicher Wahrnehmung bringt alles zusammen" (Ayres, 1984, S. 7).

Sensorische Integrations- abläufe in Alltagsge- schehen – meist automatisiert

Ein weiteres Beispiel für den Prozeß der sensorischen Integration sei hierzusätzlich aus dem Sportunterricht genannt. Beim Prellen eines Balles setzen sich die komplexen sensorisch-integrativen Prozesse wie folgt zusammen: unsere Augen sehen den Ball – unsere Hände fühlen die Oberfläche – unsere Nase riecht evtl. den Gummigeruch – mit den Ohren nehmen wir das Geräusch des Aufprallens auf.

Sensorische Integrations- abläufe als komplexe Lernhandlun- gen im sensorischen Bereich

Wie bei einem Puzzle setzen wir die einzelnen Sinneseindrücke zu einem Gesamtbild zusammen. Erweitert wird das Beispiel, wenn man sich vornimmt, den Ball zu prellen. Zu den sensorischen Eindrücken kommen auch motorische Erfahrungen hinzu. Beim Prellen des Balles werden die vestibulären, taktilen und tiefensensiblen Reize mit visuellen Reizen in Beziehung gesetzt. Die visuelle Wahrnehmung hilft, den Ball zu treffen. Die Information über die Stellung der Arme und Beine ist wichtig, um die nächste Bewegung zu planen und die Information über das Gleichgewicht sichert den richtigen Stand zum Ball – das Berühren des Balles bestätigt die gelungene Koordination des beschriebenen Ablaufs und löst den nächsten Handlungsstrang aus.

Jean Ayres mißt bei diesen Abläufen dem vestibulären (das Gleichgewicht betreffend), propriozeptiven (die Gelenk- und Muskelstellung betreffend) und dem taktilen Sinnessystem als den Basissystemen der Wahrnehmung eine besonders große Bedeutung bei, um die Einzelwahrnehmungen zu einem Gesamtbild zusammenzufügen: „Durch die sensorische Integration wird erreicht, daß alle Abschnitte des Zentralnervensystems, die erforderlich sind, damit ein Mensch sich sinnvoll mit seiner Umgebung auseinandersetzen kann und eine angemessene Befriedigung dabei erfährt, miteinander zusammenarbeiten" (Ayres, 1984, S. 260).

Sensorische Integrationsstörungen haben umfangreiche Auswirkungen auf fast alle Bereiche der menschlichen und zwischenmenschlichen Erfahrungswelt

Waltraut und Winfried Doering bezeichnen die sensorische Integration als einen alltäglichen Vorgang: „Unter sensorischer Integration versteht man das Zusammenführen, Ordnen und Strukturieren der Informationen, die uns über unsere Wahrnehmungsorgane bzw. Rezeptoren erreichen. Es handelt sich hierbei um Empfindungen, die sich innerhalb unseres Organismus abspielen sowie um Eindrücke, die durch unsere Umwelt hervorgerufen werden. Im Rahmen unserer Wahrnehmung, die u.a. aus Prozessen wie Reizaufnahme, Weiterleitung, Speicherung, Vergleich, Koordinierung besteht und ihren Abschluß in der Reaktion auf Reize findet, ist der Prozeß der Integration ein wichtiger Bestandteil. Ohne die sensorische Integration sind wir nicht in der Lage, Empfindungen aus verschiedenen Wahrnehmungsbereichen miteinander in Verbindung zu bringen. Dadurch wäre die Entstehung eines umfassenden „Bildes" unseres eigenen Ichs und unserer Umwelt unmöglich, was wiederum zu Fehlreaktionen führen und die erforderlichen Anpassungsreaktionen an die Notwendigkeiten unserer Umgebung verhindern würde" (Doering, 1990).

Tritt in diesem Geschehen eine Störung auf, vergleicht dies Jean Ayres mit einem Verkehrschaos, in dem wichtige und unwichtige Reize nicht mehr voneinander unterschieden werden, große Verwirrung stiften und den „Verkehrsteilnehmern" keine Orientierung mehr geben können: „Das Gehirn ist nicht in der Lage, den Zustrom sensorischer Impulse in einer Weise zu verarbeiten und zu ordnen, die dem betreffenden Individuum eine gute und genaue Information über sich selbst und seine Umwelt ermöglicht" (Ayres, 1984, S. 71).

Waltraut und Winfried Doering fassen die Definition einer sensorischen Integrationsstörung weiter: „Während Jean Ayres die sensorische Integrationsstörung als funktionale Störung, nicht als Folge einer Schädigung des Gehirns ansieht, betrachten wir Wahrnehmungs- und damit Integrationsstörungen als Folge unterschiedlichster Prozesse. Wir beobachten Wahrnehmungsstörungen bei Kindern mit Hirnschädigung genauso wie bei Kindern, in deren Gehirn nach dem heutigen Wissensstand der Medizin keine Auffälligkeiten zu entdecken sind. Die Diagnosen reichen von minimaler cerebraler Dysfunktion über lern- oder geistige Behinderung bis hin zu Verhaltensauffälligkeiten. Wichtig dabei ist es, daß, ebenso wie physiologische Verursachungen, auch psychisch / emotionale Störungen die Ursache für Wahrnehmungsbeeinträchtigungen sein können, genauso wie umgekehrt psychische Beeinträchtigungen häufig Folge einer Wahrnehmungsstörung sind.

Bei der Überlegung ob und wie man einem Menschen helfen kann, sollte man zwar die Wechselwirkungen zwischen Physis und Psyche keinesfalls außer acht lassen, aber die Feststellung, was wodurch bedingt wird, ist nicht immer notwendig, wenn man das „Kind dort abholt, wo es ist" und von seinen geäußerten bzw. gezeigten Bedürfnissen ausgeht und darauf aufbaut (eine medizinische Diagnostik sei hierbei vorausgesetzt)" (Doering, 1990).

3.1.2 Die Entwicklung der sensorischen Integration

Der, in den vorausgehenden Definitionen beschriebene Zustand des voll funktionsfähigen Nervensystems ist das Ergebnis einer langen Entwicklung. In dem Kontext des hier zu beschreibenden Konzeptes gilt es vor allem der Frage nachzugehen, wie sich die Teilbereiche der Wahrnehmung und Motorik entwickeln, damit die sensorische Integration sich umfassend und störungsfrei vollziehen kann.

Von grundsätzlicher Bedeutung ist dafür das Zusammenspiel von Sinnesleistungen und Wahrnehmungsprozessen. Die Sinnesorgane verhalten sich bei der Reizaufnahme eher passiv, während es sich bei den Wahrnehmungsprozessen um aktive Vorgänge handelt. Erst durch die zentrale Wahrnehmungsverarbeitung ergibt sich der sinngebende Verarbeitungsprozeß.

Bausteine der Entwicklung sensorischer Integration

In der aufgeführten Skizze (nächste Seite) wird der Beginn von zentralen Wahrnehmungsverarbeitungsvorgängen deutlich mit der 2. Stufe gekennzeichnet (die intermodale Verbindung).

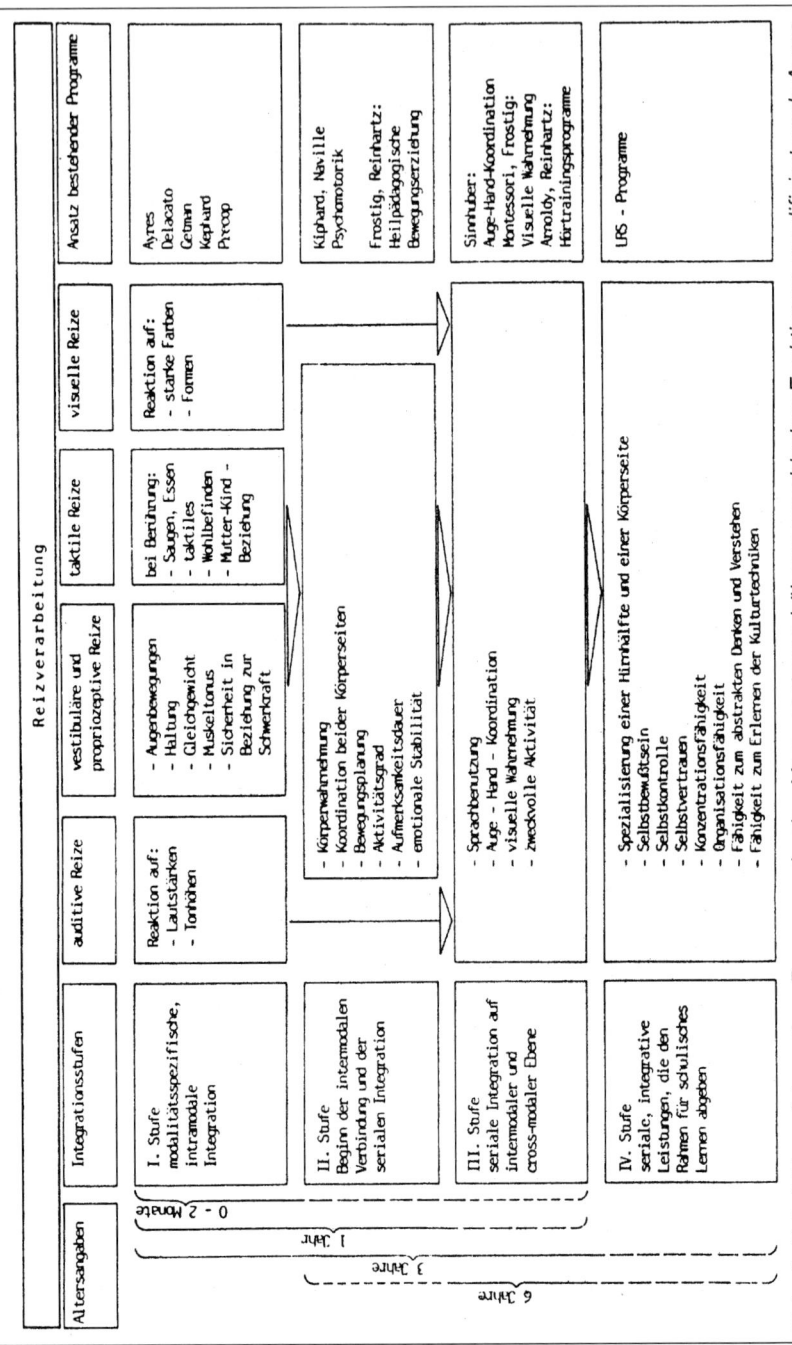

Tab. 1: Entwicklung integrativer Prozesse als eine Voraussetzung höherer psychischer Funktionen, modifiziert nach Ayres (1984), Milz (1982), Affolter (1975), aus: Brandt, 1988, S. 149

Wenngleich die Entwicklung der Wahrnehmungsbereiche der sogenannten Nahsinnessysteme bei dem vorzustellenden Konzept die größte Bedeutung spielen und in einem eigenen Kapitel vertiefend dargestellt werden, soll an dieser Stelle ein Abriß zusätzlich bedeutsamer Bausteine der sensorischen Integrationsentwicklung vorgestellt werden: **zur Bedeutung der Bewegung im weiteren Sinne als neuropsychologische Voraussetzung für das Lernen und Verhalten.** (Zur vertiefenden Betrachtung sei jedoch auf die angegebene Fachliteratur hingewiesen – siehe: z.b. MILZ, KESPER, BRAND) Bei der **motorischen Entwicklung** spielen der „Reifezustand" der motorischen Bahnen, Muskeln und Gelenke ebenso eine Rolle wie die Anregung von Wahrnehmungsbereichen durch die Umwelt, um die Koordination von Bewegungen anzubahnen, weiterzuentwickeln und zunehmend zu stabilisieren. Das motorische Lernen beginnt für das neugeborene Kind zunächst auf der Reflexebene. Die frühkindlichen Reflexe sind unbewußte Reaktionen auf Empfindungen, die nicht zentral gesteuert kontrolliert werden. Dabei handelt es sich um Nahrungs- und Schutzreaktionen, Orientierungs- und Kontaktreaktionen und auch um Haltungs-, Stell- und Gleichgewichtsreaktionen. Im Verlaufe der Entwicklung werden zunehmend mehr und differenziertere sensomotorische Reaktionen gelernt und die ursprünglichen Reflexe werden gehemmt und in komplexere Verhaltensmuster umgewandelt. Die Bedeutung der Diagnostik deutet sich hier an: ein Persistieren oder Ausbleiben eines Reflexes kann die neurophysiologische Entwicklung eines Kindes hemmen oder stören.

Bausteine der kindlichen Entwicklung auf neuropsychologischer Basis

Die **Entwicklung der Praxie** (der Bewegungsplanung) ist von besonderer Bedeutung für die Gesamtentwicklung. Mit der Praxie ist die zunehmende Fähigkeit des Kindes gemeint, Handlungsabläufe zeitlich und räumlich zu ordnen, zu planen und auszuführen. Dafür ist vor allem die Speicherung und Integration von Informationen aus dem taktilen, vestibulären und propriozeptiven Sinnesbereich eine unabdingbare Voraussetzung. Die Koordinierung dieser Informationen zum Zwecke der Bewegungsplanung ist dabei der bedeutsamste Vorgang – treten hier Störungen auf, spricht man von einer Dyspraxie. Ein Kind mit Beeinträchtigungen in der Praxie wird sich mit hoher Wahrscheinlichkeit auch als Folge mit Lernbeeinträchtigungen auseinandersetzen müssen.

Die **Entwicklung eines differenzierten Körperschemas** ist nach Ayres vor allem abhängig von der sensorischen Integration vielfältiger Erfahrungen im Bereich der taktilen, vestibulären und propriozeptiven Wahrnehmung. Der Begriff „Körperschema" meint (die unterschiedlichen Interpretationen zusammenfassend), die „Vorstellungen vom Wissen um und Orientierung am eigenen Körper" (Remschmidt, 1981, S. 37). Die bewußte Körpervorstellung ist eine Grundlage zur Entwicklung von bewußtem Wahrnehmen. Darauf können sich dann logisches Denken und weitere kognitive Leistungen aufbauen. Das Körperschema ist wichtig für eine intakte Bewegungsplanung. Der Zusammenhang zwischen Körperschema und Praxie ist groß und Störungen in den Entwicklungen dieser Bereiche weisen auch hier in der Konsequenz auf Lernstörungen hin.

Die **Entwicklung von Raumwahrnehmung und Raumorientierung** basiert auf der Entwicklung des Körperschemas. Die erworbene Sicherheit in der Orientierung am eigenen Körper ermöglicht die Zuwendung zum Raum und die Entwicklung von immer differenzierteren Wahrnehmungen räumlicher Beziehungen. Die zunehmende Verinnerlichung von Raumwahrnehmungen über das Gedächtnis bilden auch eine Grundlage des Denkens, indem sich „geistige Innenräume" ausbilden.

Auch die **Entwicklung der Hemisphärendominanz und Lateralität** steht in engem Zusammenhang mit der Gesamtentwicklung des sensorisch-integrativen Prozesses. Zur Bedeutung der beiden ähnlichen – in ihrer Funktion jedoch unterschiedlichen Hemisphären – sei besonders auf die Ausführungen von MEISTER VITALE hingewiesen. Die beiden Hemisphären sind durch den Balken miteinander verbunden und es findet ein ständiger Informationsaustausch zwischen beiden Hemisphären statt. Da eine jeweilige Spezialisierung vorliegt, spricht Remschmidt von einer „funktionellen Asymmetrie".

Etwa bis zum 2. Lebensjahr besitzen die Hemisphären noch eine Gleichwertigkeit – der Bereich der Sprache entwickelt sich bereits lateral. Lateralität bedeutet in diesem Zusammenhang die Bevorzugung eines paarig angelegten Organs, um besser leistungsfähig zu sein. Die Entwicklung der Lateralität verläuft in Phasen und führt etwa mit 8 Jahren zu einer eindeutigen Rechts- oder Linkshändigkeit. Nach Ayres ist die Entwicklung einer eindeutig dominanten Hand bedeutsam für sensorisch-integrative Abläufe.

3.1.3 Neurophysiologische Aspekte

Zu der hier vorgenommenen vereinfachten und verkürzten Darstellung des Konzepts der sensorischen Integration gehört auch eine Erörterung der, In diesem Zusammenhang relevanten neurophysiologischen Aspekte. Der Aufbau des Gehirns, die Funktionsweise des Zentralnervensystems und seine Funktionsniveaus sollen als wesentlichste neurophysiologische Grundlagen genannt werden.

Nach Ayres liegt die Hauptaufgabe des ZNS in der „Übersetzung des sensorischen Impulses in bedeutungsvolle Informationen und in der Organisation einer angemessenen motorischen Reaktion" (Ayres, 1979, S. 16). Dabei liegt die Bedeutung der kleinsten Bausteine unseres Gehirns – der Nervenzellen – darin, über die Synapsen Informationen weiter zu übertragen, die dann interpretiert, verglichen und integriert werden müssen:

Neurophysiologische Grundlagen als zweites Standbein des Konzeptes (neben entwicklungspsychologischer Betrachtung)

„Wie bei einem Muskel, macht auch bei der Synapse der häufige Gebrauch diese Synapse besser durchgängig, während eine nicht benutzte Synapse schlechter wird. Jedesmal, wenn eine Nervenbotschaft die Synapse durchquert, passiert etwas in den Neuronen und ihren Synapsen, was es der Synapse für die Zukunft erleichtert, ähnliche Botschaften weiterzuleiten" (Ayres, 1984, S. 65). Für die Entwicklung des ZNS mißt Ayres der sensorischen Stimulation eine große Rolle zu: „Eine optimale Hirnfunktion beim Menschen erfordert zu ihrem Gebrauch sowohl für den Empfang als auch für die Integrationsfähigkeit einen konstanten Fluß von Reizen, besonders vom Körper her. Ohne beide Elemente wäre die Fähigkeit des Menschen, mit der Umwelt fertig zu werden, vermindert" (Ayres, 1979, S. 15).

Da die meisten sensorischen Impulse zum Gehirn weitergeleitet und hier verarbeitet werden, soll es in seinen Strukturen – als Bestandteil des ZNS – kurz vorgestellt werden. In Anlehnung an LURIA beschreibt Ayres das Gehirn unter dem

Gesichtspunkt von Funktionsniveaus. Damit ist die Auffassung angesprochen, daß sich im Verlaufe der Evolution zu den vorhandenen Hirnstrukturen höher entwickelte hinzugefügt und überlagert haben, die zu komplexeren Funktionen führten. Dabei seien die höher entwickelten Funktionen in ihrer Leistungsfähigkeit abhängig von dem „guten Funktionieren" der niederen Teile (Hirnstamm): „Diese Organisation von Struktur und Funktion des Nervensystems plaziert die phylogenetisch älteren Strukturen auf das anatomisch niedrigste ... Niveau und die neueren ...in die höchste Position" (Ayres, 1979, S. 29).

Nach der Theorie Ayres' funktioniert das ZNS nach dem Prinzip der Integration. Durch diese Sichtweise wird die Funktion des Gehirns als eine mehr ganzheitliche charakterisiert; d.h., es gibt zwar Zentren innerhalb der Großhirnrinde, die sich auf bestimmte Funktionen spezialisiert haben (z.B. die Sprachzentren) – jedoch kann jedes Zentrum neben seinen speziellen Informationen auch die aus anderen Sinnesbereichen empfangen und verarbeiten. Das Rückenmark stellt dabei mit seinen auf- und absteigenden Nervenbahnen die Verbindung zwischen Gehirn und Körperperipherie dar.

Im Hirnstamm laufen viele Nervenbahnen aus allen Gehirngebieten zusammen. Dieser stammesgeschichtlich „alte" Teil des Gehirns stellt das Fundament für die sensorische Informationsverarbeitung dar.

Die Formatio reticularis (netzförmige Nervenmasse) liegt im Zentrum des Hirnstamms und verknüpft Informationen für die weitere Verarbeitung auf höherem Niveau. Nach Ayres haben taktile, propriozeptive und vestibuläre Reize einen besonderen Zugang zur Formatio reticularis: „sie erhält Einflüsse aus allen Teilen des Gehirns und sendet ihren Einfluß in alle Richtungen" (Ayres, 1979, S. 31).

Das Kleinhirn (Cerebellum) hat Funktionen vor allem für folgende Bereiche: „... Koordination von Bewegungen, Speicherung von willkürlichen Bewegungsmustern, Verknüpfung von Haltung und Bewegung, Aufrechterhaltung des Gleichgewichts, Steuerung des Zusammenspiels der Muskeln ..." (Kesper / Hottinger, 1992, S.16).

Das limbische System (alter Cortex) steuert vor allem einfache Großbewegungen und Fortbewegungsmuster und ist ein wichtiger Bereich für Emotionen und affektives Verhalten.

Die Großhirnrinde (Neocortex) legt sich wie ein Mantel um die genannten Gehirnstrukturen und steuert die Funktionen wie Bewußtsein, Denken, Sprache und Körpergefühl. Als „jüngste" Entwicklungsstufe des Gehirns verbindet sie sensorische Aktivitäten auf niedrigem Niveau (Stammhirn) mit ihrem eigenen Niveau. Mit ihren unspezifischen Arealen werden typisch menschliche Verhaltensweisen ausgebildet wie Phantasie, Wesenszüge und Denkmodelle.

3.1.4 Die Nahsinnessysteme und ihre Bedeutung für das Lernen

Als wichtiges **Funktionsprinzip** des Gehirns einerseits wurde die sensorische Integration als Verknüpfung von verschiedenen Wahrnehmungsbereichen sowie der Hemmung und Verstärkung bestimmter Reize dienend, beschrieben – als ein **Entwicklungsprinzip** andererseits wurde ihre Bedeutung ebenfalls herausgestellt.

Entwicklungs- und Funktionsprinzip werden besonders deutlich bei der Betrachtung der sensorischen Integrationsleistungen in und durch die sogen. Nahsinnessysteme – ihrer Funktion und Bedeutung für die Entwicklung von Lernfähigkeiten: durch die Verbreitung des Konzepts der sensorischen Integrationsförderung – etwa in den letzten 10 Jahren – auch im pädagogischen Raum (also im Anfangsunterricht des Erstlesens- und Rechnens in Grundschulen, Schulen für Sprachbehinderte und Körperbehinderte) wurde vor allem einer Erkenntnis Rechnung getragen, die bis dahin ohne pädagogische Konsequenzen geblieben war:

Die Nahsinnessysteme:

- **Gleichgewicht (vestibuläres System)**
- **Muskeln, Sehnen und Gelenke (Tiefenempfindung – propriozeptives oder auch kinästhetisches System)**
- **Haut (taktiles System)**

bilden das Fundament, die Basis für die Entwicklung aller weiteren Sinneswahrnehmungen und auch letztlich für die Entwicklung kognitiver Fähigkeiten.

Die Skizze des Wahrnehmungsentwicklungsbaums verdeutlicht dies sehr anschaulich.

Die Systeme Haut, Vestibularium sowie Muskeln, Sehnen und Gelenke bilden die Wurzeln für die sich immer stärker differen-

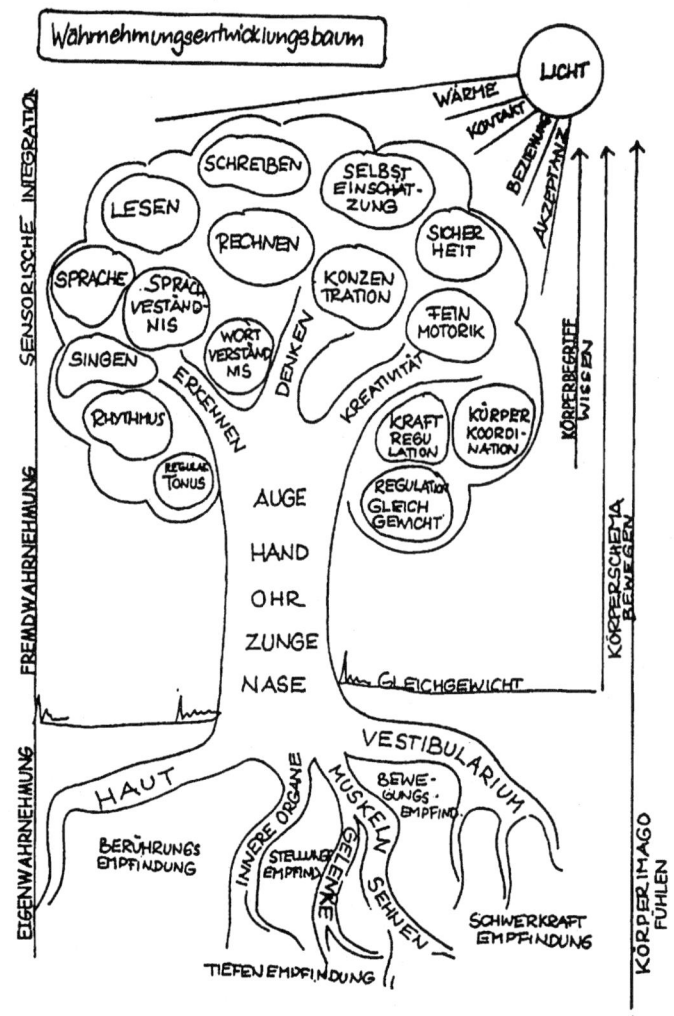

Tab. 2: Wahrnehmungsbaum, aus: Rega Schaefgen, Sensorische Integration. Eine Elterninformation zur sensorischen Integrationstherapie (mit Bildern von P. Schauf und M. Steingröver) 1994

zierenden weiteren Wahrnehmungs- und Kognitionsleistungen sowie auch vieler Fähigkeiten im Wesens- und Kreativbereich.

Eine stabile Entwicklung dieser Basissinne – eine Kräftigung der Wurzeln – bereitet den besten Boden für die weitere frühkindliche Entwicklung. Das bedeutet auch im Umkehrschluß eine gestörte Wahrnehmung in diesen Nahsinnen beeinträchtigt oder stört sogar die Weiterentwicklung des Kindes in unterschiedlichen Bereichen unterschiedlich stark.

Selbst wenn man den Tatbestand berücksichtigt, daß das Gehirn zu Kompensationsleistungen in der Lage ist, so verpflichtet doch der beschriebene Erkenntnisstand vor allem im Unterricht, in der Förderung und Therapie mit Schülerinnen und Schülern mit geistiger Behinderung zur Berücksichtigung der sensorischen Integrationsförderung in eben den benannten Basissinnessystemen. Zur Umsetzung dieser „logischen Schlußfolgerung" im übernächsten Kapitel mehr – jetzt sollen die Basissinne zunächst ausführlich in ihrer Funktion und Bedeutung beschrieben werden.

Die Berücksichtigung der Nahsinne auch im pädagogischen Raum ist der Kern des Konzeptes

3.1.4.1 Gleichgewichtssystem

Das Gleichgewichtssystem (vestibuläres System) formt die Grundbeziehung, die ein Mensch zur Schwerkraft hat – alle anderen Empfindungen werden auf der Grundlage der vestibulären Information verarbeitet. Das Gleichgewichtssystem informiert uns über Lage, Schwere und Richtung unseres Körpers im Raum.

Das Gleichgewichtsorgan liegt im Innenohr im knöchernen Labyrinth. Es gibt zwei Arten von Rezeptoren, die den Gleichgewichtssinn bestimmen: die vestibulären Rezeptoren, die auf die Schwerkraft reagieren und die Translationsbeschleunigungen messen (beschleunigen und bremsen) durch die in Flüssigkeit schwimmenden Calciumkarbonatkristalle und die Rezeptoren, die sich in den halbkreisförmigen Röhren, Bogengängen genannt, befinden und die Drehbewegungen messen.

Der Gleichgewichtssinn formt die Grundbeziehung, die ein Mensch zur Schwerkraft hat

Um aber Kopf und Körper im Raum halten und steuern zu können müssen noch zusätzliche Informationen aus Halsmuskeln – und Gelenken im ZNS verarbeitet werden. Drei Arten von Reflexen werden weiterhin unterschieden, die auch für die Steuerung der Rumpf- und Extremitätenmuskulatur sorgen:

- Stehreflexe, um die gewünschte Körperhaltung im Ruhezustand einhalten zu können.
- Stellreflexe, um aus einer ungewöhnlichen Haltung / Lage in eine normale Körperstellung zu kommen.
- Statokinetische Reflexe, die bei Bewegungen ausgelöst werden, um das Gleichgewicht zu halten und reflektorisch eine jeweils adäquate Körperstellung zu finden / einzunehmen.

Tast- und Gleichgewichtssinn als erste Kommunikationssysteme in der Embryonalphase

Das Gefühl der Erdanziehung muß schon sehr früh gemeistert werden, damit der Säugling, wenn auch zunächst noch recht unvollkommen, seinen Körper und die Körperteile im Raum bewegen kann. Im 5. Monat ist das Vestibulärsystem sehr gut entwickelt. Es stellt zusammen mit dem Tastsinn und dem viszeralen System (nervales Steuerungssystem der inneren Organe) nahezu die gesamte Sinneswahrnehmung des Fötus dar. Nach der Geburt sind bereits im 1. Monat Reaktionen auf Schwerkrafteinwirkungen und Bewegungsabläufe vorhanden (z.B. der Klammerreflex) – bis zum 3. Monat lernt der Säugling Augen-, Kopf- und Nackenmuskulatur zu beherrschen. Das Gehirn muß 1. Schwerkraft- und Bewegungsempfindungen, 2. Augenmuskulatur und 3. Nackenmuskelempfindungen zusammenfügen – das Kind kann jetzt die Umgebung wahrnehmen und zu Bildern formen. Mit ca. 1 Jahr richtet es sich ganz auf und beginnt zu laufen (Schwerkraftüberwindung). Nach Jean Ayres sei das Alleine-Aufstehen-Können das Endprodukt der Verarbeitung aller Informationen, die von der Schwerkraft, den Bewegungen des Kindes, den Muskel- und Gelenkempfindungen in den vergangenen Monaten erfolgte.

Über- und Unterempfindlichkeit

Es gibt zwei Arten von Störungen des Gleichgewichtssinns, die auf das Lernvermögen und das Verhalten des Kindes einwirken: **die Über- oder Unterfunktion** der Gleichgewichtswahrnehmung. Symptome der **Unterfunktion:** Kinder, die auf vestibuläre Reize eher unterempfindlich reagieren, fordern eine schnelle und heftige Stimulation (Schneller, Schneller!): – selbst bei extremer Stimulation keine Schwindelgefühle

- ständig in Bewegung
- stoßen überall an – verletzen sich
- Symptome der Überfunktion: Kinder, die auf vestibuläre Reize eher überempfindlich reagieren, lehnen Bewegungsübun-

gen zunächst ab, sie bewegen sich sehr langsam und sind in ihrem Körpergleichgewicht sehr unsicher:

- Schwindel und Angst bei Gleichgewichtsreizen
- Vermeidung von rechts – links Veränderungen
- Vermeidung schneller Bewegungen

Mögliche Folgen für das Verhalten und Lernvermögen:

Mögliche Folgen für die Lernentwicklung

- Schwierigkeiten bei Konstruktionsspielen
- Schwierigkeiten bei der Schrift- und Linienführung
- Schwierigkeiten beim Einhalten von Zeilen und Richtungen
- Schwierigkeiten bei der Übertragung von Texten von der Tafel ins Heft
- Schwierigkeiten beim Erfassen, Behalten und Wiedergeben von räumlichem, zeitlichem Hintereinander in Mathematik, Lesen und Schreiben.

Beispiele für mögliche Förderungen bei der Überempfindlichkeit:

Förderungsbeispiele

- Effektscheiben werden auf einem Varussell gedreht, die Kinder schauen zu
- die Kinder beobachten Schaukelbewegungen (Zugang über die visuelle Wahrnehmung)
- das Kind liegt bäuchlings in der Schaukel oder Hängematte und kann durch Berührungen des Bodens mit den Händen sich selbst Schwung geben und die Schaukelbewegungen dosieren
- das Kind liegt rücklings in der Schaukel und stößt sich mit den Füßen von der Wand ab, um so die Bewegungen zu dosieren

Beispiele für mögliche Förderungen bei der Unterempfindlichkeit:

- vestibuläre Stimulation über Dreh-, Schaukel- und Vertikalbewegungen

Weitere Beispiele und Übungen zur Gleichgewichtswahrnehmung:

Beobachtungen zur Diagnostik der richtigen „Dosierung" der Übung

- das Kind wird in einer Tonne oder in einem Reifen liegend um seine Längsachse gerollt

- das Kind wird in eine Decke eingerollt und aus ihr herausgerollt, indem an der Decke gezogen wird
- das Kind kauert in Hockstellung in einer gepolsterten Tonne oder in einem Reifen und wird um seine Querachse gerollt
- das Kind liegt auf dem Physioball oder auf einer Tonne in Bauch und/oder Rückenlage und wird vor- und zurückgeschaukelt
- Schaukeln auf einer Schaukel, an Schaukelringen, an einer Reckstange, an einem an der Decke hängenden Tau
- Rollbrettübungen: das Kind nimmt verschiedene Körperpositionen auf dem Rollbrett ein. Es hält sich an einem Stab oder Seil fest und wird gezogen, bis es Sicherheit und Vertrauen in die Übung gewonnen hat. Mögliche Körperpositionen: Bauchlage, Rückenlage, Schneidersitz, Fersensitz, Kniestand

3.1.4.2 Das tiefensensible System

Das tiefensensible System oder auch propriozeptive System genannt (lat. Proprius = der Eigene) – also die Eigenwahrnehmung übermittelt Informationen, die von Sinnesrezeptoren in den Muskeln, Sehnen und Gelenken dem Gehirn zugeleitet werden:

- die Gelenksensoren sind freie Nervenendigungen, die in die Gelenkkapsel hineinragen. Die Gelenksensoren nehmen dabei verschiedene Gelenkpositionen und verschiedene Gelenkbewegungen wahr.
- Die Muskelspindeln nehmen Veränderungen der Muskellänge wahr.
- Die Sehnensensoren zeigen einen ähnlichen Aufbau wie die Muskelspindeln. Sie fühlen allerdings nicht die Muskellänge sondern die Muskelspannung.

Automatisierte unbewußte Abläufe über den Stellungssinn, den Bewegungssinn und den Kraftsinn prägen die Eigenwahrnehmung

Bei der Eigenwahrnehmung unterscheidet man drei Qualitäten von Wahrnehmung:

1. Über den Stellungssinn wird die Winkelstellung der Gelenke und somit die Haltung des Körpers wahrgenommen
2. Über den Bewegungssinn können wir bei Stellungswechsel eines Gelenks die Richtung und die Geschwindigkeit der Bewegung wahrnehmen.

3. Über den Kraftsinn nehmen wir das Ausmaß an Muskelkraft wahr, das wir aufwenden müssen, um eine Bewegung durchzuführen oder eine Gelenkstellung einzuhalten.

Die Propriozeptoren senden ihre Informationen mittels sensorischer Nervenfasern über das Rückenmark und den Hirnstamm an das Kleinhirn, wo die meisten propriozeptiven Reize verarbeitet werden. Ein kleiner Teil der Informationen erreicht auch die Großhirnhemisphäre, die meisten Reize werden jedoch in Hirnregionen verarbeitet, wo sie sich unserem Bewußtsein entziehen.

Probleme bei der Weiterleitung der Impulse können an den Synapsen entstehen. Synapsen lassen sich (vergleichbar mit den Muskeln – siehe neurophysiolog. Aspekte) trainieren. Eine häufig benutzte Synapse wird für die Impulse leichter durchgängig als eine kaum benutzte. Der ständige Gebrauch der Synapsen führt im Laufe der Zeit zu einer Automatisierung bestimmter Handlungsabläufe. Auch, wenn wir es normalerweise nicht bemerken, ohne die Eigenwahrnehmung könnten wir uns nicht bewegen – und auch nicht (in Verbindung mit dem Gleichgewichtssinn) auf zwei Beinen stehen – dies betrifft sowohl reflexartige als auch geplante Bewegungen. Propriozeption ist die Grundlage für motorisches Planen, also für das Erlernen von unbekannten motorischen Fähigkeiten. Ohne exaktes tiefensensibles Empfinden müssen Bewegungen ständig durch visuelle Kontrolle gesteuert und geplant werden, was die Bewegungen ungeschickt und undosiert erscheinen läßt.

Störungen in der Propriozeption (synonym auch „Kinästhesie" verwendbar) führen vor allem dazu, dass Vorstellungen und Empfindungen vom eigenen Körper beeinträchtigt sind: *Mögliche Folgen für die Lernentwicklung*

- das Körpergefühl ist wenig differenziert – das vom Kind entwickelte Körperschema ist lückenhaft

- komplexe Bewegungen werden nur schwer erlernt – das Automatisieren von Bewegungen gestaltet sich schwierig

- Körperteile werden bei komplexeren Tätigkeiten nicht oder nur nach Aufforderung benutzt

- der Umgang mit Material und Gegenständen sowie deren Handhabung ist oft unangemessen

- es bestehen Schwierigkeiten im „Ordnung-halten"

- Buchstaben werden nur schwer erlernt
- Buchstaben werden unterschiedlich groß oder in verschiedenen Richtungen geschrieben
- Begrenzungslinien können nur schwer eingehalten werden
- das verminderte Körpergefühl begrenzt die Mimik – kann auch zu Artikulationsstörungen führen
- häufig sind Rempeleien, Anstoßen, Stolpern, Speichelfluß, Hinfallen zu beobachten.

Tiefensensibilität und Persönlichkeitsbildung

Grundsätzlich beeinflußt eine deutliche Störung in der Eigenwahrnehmung die Persönlichkeitsentwicklung eines Kindes: sich selbst nicht richtig zu spüren, sich seiner selbst nicht ganz sicher sein können, sich nicht „zu haben" hat gravierende Auswirkungen auf die Ausbildung von Selbstbewußtsein, Identität und Selbstwertgefühl – die Wirkungen reichen hinein in das soziale Verhalten und den Kontaktbereich der Kinder. Die tiefensensible Wahrnehmung steht in enger Korrespondenz zur vestibulären Wahrnehmung – eine dominante Störung im propriozeptiven Bereich ist aber als noch weitreichender und gravierender und behandlungsbedürftiger einzuschätzen.

Beispiele für mögliche Förderungen im tiefensensiblen oder kinästhetischen System:

Beobachtungen und Diagnostik zur richtigen „Dosierung" von Übungen

- zum Körperschema: den Körper ummalen und Kissen auf bestimmte Körperteile legen und hinterher Körperteile zeigen
- Kinder unter eine Folie legen und Wasser darauf bewegen
- von der Sprossenwand in Weichbodenmatten springen
- in Schlafsäcken und selbst gebauten Höhlen schlafen
- Kinder in Turnmatten einrollen und als „Gürteltiere" durch die Gegend laufen lassen

Förderungsbeispiele

- „Hamburger-Spiel": sich übereinanderlegen – evtl. mit Matten dazwischen
- punktuelle „Tennisbällchen-Massagen"
- eine Folie über eine gespannte Schnur hängen – die Kinder stehen sich gegenüber und malen sich ab.
- Kriechen durch einen mit Kissen gepolsterten Kriechtunnel
- auf Laufbüchsen gehen

- sich in eine ausgepolsterte Kinderwanne setzen
- sich oder Körperteile einwickeln mit Stoffen
- auf dem Rollbrett fahren mit schweren Kissen auf dem Rücken
- mit dem Rollbrett unter Tischen hindurchfahren

3.1.4.3 Das taktile System

Das taktile System stellt über Haut, Haare und Nägel **die** Berührungsstelle zur Außenwelt dar. Es ist das ausgedehnteste Sinnesorgan und spielt eine vitale Rolle – auf physischer, psychischer und geistiger Ebene – im menschlichen Verhalten und vor allem im zwischenmenschlichen Bereich. Die Haut übernimmt viele unterschiedliche Funktionen und ist für das Überleben des Menschen wichtiger als alle anderen Wahrnehmungsorgane:

Die Haut spielt als ausgedehntes Sinnesorgan eine vitale Rolle

- sie hat Schutzfunktion
- sie regelt den Wärme- und Temperaturhaushalt
- sie ist Träger des Stoffwechsels (Abgabe von Schlacken durch die Schweißdrüsen)
- sie ist Atmungsorgan
- und wichtiges Sinnesorgan!

Die Hautoberfläche hat eine große Zahl von sensorischen Wahrnehmungsrezeptoren, die die verschiedensten Reize empfangen. Man nimmt an, daß auf 100 Quadratmillimeter etwa 50 dieser Wahrnehmungsrezeptoren kommen. Dicht unter der Haut sitzen die Tastkörperchen – kleine Zapfen, in denen sich empfindliche Nervenzellen befinden. Schon bei leichtem Druck erzeugen sie winzige elektrische Signale, die über die Nervenbahnen zum Gehirn weitergeleitet werden. Dann wird einem bewußt, wie stark die Berührung war und von welcher Stelle des Körpers sie ausging.

Die meisten Tastkörperchen befinden sich an Handtellern, Fingerspitzen und Fußsohlen – am spärlichsten sind sie auf dem Rücken verteilt. Mehrere gleichzeitige Berührungspunkte können voneinander unterschieden und lokalisiert werden – auf diesem Tatbestand beruht z.B. das Lesen in „Blindenschrift".

Die Bereiche der taktilen Wahrnehmung lassen sich unterscheiden in:

- Berührungswahrnehmung
- Erkundungswahrnehmung
- Temperaturwahrnehmung
- und Schmerzwahrnehmung

An Beispielen der Hand wird der enge Zusammenhang von Tast- und Bewegungssinn deutlich

Die Hand ist *Tast- und Erkundungsorgan* gleichzeitig. Sie empfängt viele Berührungsreize – gleichzeitig ist sie auch Werkzeug: sie kann greifen, streicheln, schlagen, bauen, formen, geben, nehmen, etc. – die Hand „begreift" einen Gegenstand in seiner Form, Gewicht, Größe und Oberflächenbeschaffenheit. Überwiegend nehmen wie die Hand in ihrer motorischen Funktion wahr – weniger in ihrer taktilen Wahrnehmungsfähigkeit. Auch die Füße besitzen ein hohes Unterscheidungsvermögen, das aber im Alltag so gut wie nicht mehr in dieser Funktion benutzt wird.

Der Mund und die Mundregion als sensibles Tastorgan wird eher in der Funktion des Geschmackssinns genutzt – bei Kleinkindern sieht man die differenzierte Wahrnehmungsfähigkeit dieser Region, indem sie zur Erkundung ihrer gegenständlichen Umwelt alles zunächst in den Mund nehmen.

Die Temperaturwahrnehmung erfolgt entweder durch direkte Berührungen oder durch die Registrierung der Lufttemperatur. Durch den Vorgang der Temperaturanpassung werden Kälte und Wärme eines Gegenstandes unterschiedlich wahrgenommen – je nach Temperatur der Haut.

Schmerzhafte Berührungen stellen eine Reizinformation dar, die – zusammen mit dem Sehen – Gefahrenquellen anzeigen.

Der Tastsinn entwickelt sich vor allen anderen Sinnessystemen. Schon in einem frühen Embryonalstadium (ca. 8. Woche) ist die Haut bereits hochentwickelt. Für das noch nicht geborene Kind ist die Haut das wichtigste Kommunikationssystem – auch die Geburt selbst erfährt der Säugling überwiegend über die Stimulation der Haut. Nach der Geburt ist das Gesicht des Säuglings stärker berührungsempfindlich als jeder andere Körperteil. Auch die Temperaturempfindlichkeit hat sich bereits ausgebildet – die Schmerzempfindlichkeit dagegen ist kurz vor und nach der Geburt noch gering ausgebildet (Schutzmechanismus).

Grundsätzlich ist die taktile Kommunikation des Kindes seine erste Sprache auf der die verbale Kommunikation aufbaut.

Störungen des taktilen Systems können sich in einer Über- oder Unterempfindlichkeit der Wahrnehmung ausdrücken. Bei einer **Überempfindlichkeit** werden:

Über- und Unterempfindlichkeit

- Berührungsreize als unangenehm bzw. als nicht eingeordnet empfunden

- es wird mit taktiler Abwehr reagiert, um diesen Reizen zu entgehen. Die taktile Abwehr ist das Resultat mangelhafter oder ungeordneter ontogenetischer Entwicklung der taktilen Modalitäten und nicht das Resultat eines Mangels an taktilen Reizen

- es liegt eine Überempfindlichkeit gegenüber Reizen vor, die andere kaum spüren

- Berührungsreize werden nicht genug gehemmt und Berührungswahrnehmung nicht unterschieden

- Tragen langärmliger Kleidung

- Abwehr von sanften Streicheleinheiten

Bei einer **Unterempfindlichkeit**:

- werden Empfindungen nicht richtig gebahnt

- Berührungen werden nicht bewußt wahrgenommen, daher werden sie oft selbst ausgelöst (Selbststimulation bis hin zu Selbstverletzungen, Autoaggression), um den Reiz durch starke Intensität zu spüren.

Die Folgen dieser Störungen können sein:

Folgen für die Lernentwicklung

- gestörtes Körpergefühl

- Probleme beim Erfassen und Behalten von Mustern, geometrischen Formen und Schriftzeichen

- soziale Kontaktprobleme

- Angst vor der Nähe anderer Menschen

- Verweigerung bestimmter Lernmaterialien

- bei taktiler Überempfindlichkeit kommt es häufig auch zur Abwehr akustischer Reize

Übungen, die sich anbieten (nach präziser Diagnose der Störung):

Beobachtungen und Diagnostik zur „richtigen" Dosierung der Übungen

- eincremen des Kindes mit Rasierschaum oder Hautcreme
- abbürsten der Haut
- streicheln mit einem Pinsel, einer Feder
- kreisende „Bällchenmassage" mit Bällen unterschiedlichster Oberflächenbeschaffenheit
- Reiben der Haut mit unterschiedlichsten Stoffen
- Ertasten von nicht sichtbaren Gegenständen unterschiedlichster Beschaffenheit
- „Rückenbilder" malen (Formen, Zahlen, Buchstaben auf den Rücken „malen" die dann erspürt werden müssen

Förderungsbeispiele

- einem, auf dem Bauch (auf einer Decke) liegenden Kind die Vorgänge des Kuchen- oder Pizzabackens durch die entsprechenden Bewegungshandlungen auf dem Rücken des Kindes erzählend vormachen
- auf einem „Fußweg" (es werden verschiedenste Untergründe, über die man gehen kann, angelegt) mit den Fußsohlen die unterschiedlichen taktilen Wahrnehmungen erfahren (z.B. harte und weiche Fußmatten, Metallplatten, Schaumstoffteile, Sand, Kastanien oder Bohnen, etc. – draußen lassen sich noch mehr natürliche Untergründe aneinanderreihen
- Tastbilder erstellen (die Kinder fügen selbst auf einem großen Stück Karton oder einer dünnen Spanplatte mit Rahmen) die unterschiedlichsten Materialien und Stoffe zusammen und sortieren sie nach wechselnder Oberflächenstruktur
- „Schmierseifenrutsche" – auf einer Wiese wird eine große Folie ausgelegt, auf der Spritzer Schmierseife mit Wasser verteilt werden – auf dieser Rutschbahn können die Kinder bäuchlings rutschen.

Die folgende Skizze zu den Sinnessystemen ist dem Elternratgebern von Rega Schaefgen entnommen.

SINNESSYSTEME

SINNESORGAN		FUNKTION	SINNESSYSTEM	INTRAUTERINE REIFUNG
KÖRPERSINNE	HAUT	fühlt BERÜHRUNG	TAKTILES SYSTEM	2. MONAT
	INNERE ORGANE	bemerkt SPANNUNG	VISCERALES SYSTEM	2. MONAT
	MUSKELN SEHNEN GELENKE	spürt STELLUNG KRAFT BEWEGUNG	KINÄSTHE-TISCHES SYSTEM	3. MONAT
	VESTIBU-LARIUM	richtet Kopf zur Schwerkraft	VESTIBU-LÄRES SYSTEM	4. MONAT
FERNSINNE	NASE	riecht GERUCH	OLFAKTO-RISCHES SYSTEM	5. MONAT
	ZUNGE	schmeckt GESCHMACK	GUSTATO-RISCHES SYSTEM	6. MONAT
	OHR	hört KLANG GERÄUSCH	AUDITIVES SYSTEM	7. MONAT
	HAND	tastet TEMPERATUR STRUKTUR	TAKTIL EPIKRITISCHES SYSTEM	7. MONAT
	AUGE	sieht Farbe Form	VISUELLES SYSTEM	8. MONAT

Tab. 3: aus: Rega Schaefgen, Sensorische Integration. Eine Elterninformation zur sensorischen Integrationstherapie (mit Bildern von P. Schauf und M. Steingröver) 1994

3.1.5 Diagnostik

Die wiederkehrende (förderdiagnostische) Einbeziehung verschiedener Beobachtungs- und Untersuchungsverfahren zur präzisen Erfassung von Schwerpunkten und Art der Beeinträchtigungen im Bereich der sensorischen Integration bei Kindern eröffnet das größte Feld interdisziplinärer Zusammenar-

Die Diagnostik als weitere wesentliche Säule des Konzeptes

45

beit. Auf diesem Gebiet ist das Zusammenspiel vieler fachlicher Kräfte notwendig, um den geplanten Therapieverlauf und auch der unterrichtsimmanenten Förderung ein solides Fundament zu geben. Eine Reihe von Verfahren, die sich dazu anbieten, seien hier auswahlweise genannt.

Verhaltensbeobachtung im Unterricht – ein alltägliches Geschäft Vorab bleibt hervorzuheben, daß alle diagnostischen Untersuchungen nicht je eine einmalige Aktion darstellen, sondern – im Verbund – ständige Begleiter sind im Prozeß der Therapie, der Förderung und des Unterrichts, individuell angemessen für jede Schülerin und jeden Schüler. Die Diagnostik als Prozeß- und Förderdiagnostik ist eine unverzichtbare und wesentliche Säule des Konzepts der unterrichtsimmanenten Förderung sensorischer Integration im Erstlese- und Rechenunterricht für Schülerinnen und Schüler mit geistiger Behinderung.

Neben den standardisierten Verfahren liefern vor allem die ständige Beobachtung der Kinder im Unterrichtsalltag wichtige Informationen – zur Strukturierung dieser Beobachtungen bieten sich die verschiedenen Formen der Verhaltensbeobachtungen an:

- die freie Verhaltensbeobachtung (das „simultane", nicht interpretierende Beschreiben des Gesehenen über einen begrenzten Zeitraum in allen – vorher kurz benannten – Unterrichts- und Schulalltagssituationen)

- die gebundene Verhaltensbeobachtung (die vorsichtig beschreibende und interpretierende Beobachtung von vorher konkret vereinbarten Verhaltensmerkmalen, wie z.B. das grob- oder feinmotorische Verhalten oder das sprachliche und kommunikative Verhalten, etc. in, über einen verabredeten Zeitraum, verschiedenen Situationen.

- die teilnehmende und versteckte Verhaltensbeobachtung (sie gehören zusammen: eine Beobachtung wird teilnehmend in einer verabredeten „Aktion" mit dem Kind vom Aktionspartner selbst aus der Situation heraus wahrgenommen und als Gedächtnisprotokoll – auch interpretierend – vermerkt, die andere Beobachtung wird mit Abstand von einem zweiten Aktionspartner simultan angefertigt und dient dann der vergleichenden und evtl. korrigierenden Klärung des gemeinsam in unterschiedlichen Situationen beobachteten nach Abschluß der „Aktion".

Diese möglichen Formen der Beobachtung können sich auf die Verhaltensweisen von Kindern in den Bereichen der Nahsinnessysteme beziehen, um Beeinträchtigungen entsprechender Wahrnehmungsleistungen und daraus resultierender Lernschwierigkeiten aufzuspüren. Auswahlweise sollen Merkmale entsprechender „Störungsbilder" nach INGELID BRAND (siehe Brand, 1988, ab S. 108) genannt sein:

zur taktilen Abwehr:

- die Kinder krabbeln auf rauher Unterfläche mit gefausteten Händen

- die Kinder vermeiden Körperkontakt. Körperberührung löst Abwehr- und Fluchtverhalten aus

- die Kinder bevorzugen Kleidung aus weichen Stoffen

- die Kinder gehen ungerne barfuß

- die Kinder können nur schwer mit ihren Händen Dinge ertasten

- die Kinder kämmen und waschen sich ungern und putzen sich widerwillig die Zähne

- die Kinder fassen nasse oder rauhe Materialien nicht gerne an; wenn die Hände schmutzig geworden sind, müssen sie möglichst schnell wieder gewaschen werden.

Zu Halte-, Stell- und Gleichgewichtsreaktionen:

- die Kinder können die Drehhorizontallage nicht einnehmen

- die Kinder können nur für kurze Zeit auf einem Bein stehen (vor allem mit geschlossenen Augen)

- die Kinder verfügen über eine geringe Ausdauer

- die Kinder lümmeln sich gerne auf den Tisch und stützen ihren Kopf häufig ab. Sie legen sich mit Vorliebe auf den Boden.

- Sie haben oft eine schlaksige, schlaffe Haltung

Zum Körperschema:

- Menschen werden ungenau und wenig differenziert gemalt. Einzelheiten wie Finger, Ohren, Haare werden häufig vergessen

- Berührungen am eigenen Körper können nicht lokalisiert werden.

Auszüge aus Symptom-Beschreibungen

Weitere Anhaltspunkte sind in der genannten Literaturangabe ergänzend nachzulesen.

Anamnese-bogen im Zusammen-hang mit Elterngesprä-chen und VO-SF

Neben den Beobachtungen im Schulalltag ist die Verwendung von (Eltern) Fragebögen und Anamnesebögen hilfreich, um Beeinträchtigungen im Bereich der sensorischen Integration bei Kindern erkennen zu können. Dazu wurde von der Autorin ein Anamnesebogen zusammengestellt, der schwerpunktmäßig Fragestellungen zum Wahrnehmungsverhalten in den Basissinnen enthält. Dabei handelt es sich nicht um ein standardisiertes Verfahren, sondern vielmehr um eine Hilfestellung zum „sich auf die Spur" begeben. Das gilt besonders für erste Elterngespräche, in deren Verlauf die Aufmerksamkeit der Gesprächsteilnehmer sich auf die angesprochenen Bereiche richtet – Eltern wird häufig damit ein neuer Blickwinkel zur Beobachtung und zum Kennenlernen ihrer eigenen Kinder vermittelt – „man kommt unter neuen – oft auch für Eltern erhellenden Gesichtspunkten miteinander ins Gespräch":

(Ein Auszug aus diesem Anamnesebogen findet sich im Anhang in den „Praktischen Hinweisen und Arbeitshilfen", S. 102)

Bei dem „Elternfragebogen zur Erfassung von **Suche und Vermeidung von Reizen** in 5 Wahrnehmungsbereichen handelt es sich um ein standardisiertes Verfahren, das von Waltraud und Winfried Doering im Rahmen ihres Instituts für Fortbildung und Beratung in Bremen entwickelt wurde. Der Fragebogen ist entstanden aus der praktischen Arbeit mit wahrnehmungsgestörten Kindern. Bei ihnen beobachteten die Autoren verstärkt entweder eine auffallende Suche nach bestimmten Reizen in bestimmten Wahrnehmungsbereichen oder eine auffallende Vermeidung dieser Reize. So entwickelten Doering/Doering einen Fragebogen auf der Grundlage ihrer eigenen Beobachtungen und Erfahrungen.

Der Fragebogen soll als informelles Verfahren, das sich auf beobachtbare Verhaltensweisen stützt, dazu verhelfen, das Verhalten von Kindern in bestimmte Verhaltensgruppen einzustufen. Es handelt sich dabei um die Wahrnehmungsbereiche:

- vestibuläres Sinnessystem
- propriozeptives Sinnessystem
- taktiles Sinnessystem
- auditiver und visueller Wahrnehmungsbereich

Durch die Zuordnung von Verhaltensauffälligkeiten zu diesen Wahrnehmungsbereichen kann der Fragebogen dazu verhelfen:

- weitere Untersuchungshypothesen zu bilden
- aufgrund dessen zusätzliche diagnostische Instrumentarien einzusetzen
- gezielte therapeutische und fördernde Maßnahmen zu planen
- Anhaltspunkte zu beratenden Gesprächen mit Eltern zu liefern.

Der Fragebogen kann beantwortet werden von den Eltern des Kindes oder anderen Bezugspersonen sowie von Therapeuten, Erziehern und Lehrern, die das jeweilige Kind gut kennen und beobachtet haben.

(Die Bezugsquelle des Fragebogens ist unter: „Praktische Hinweise und Arbeitshilfen" genannt).

Als standardisierte Beobachtungsverfahren sollen zwei besonders herausgestellt werden, deren Praktikabilität und Aussagevermögen von der Autorin als positiv erfahren wurde:

- der Beobachtungsbogen zur Sensorischen Integration von DZIKOWSKI (siehe: Dzikowski, 1988)
- die veränderte Kurzfassung für geistig behinderte Kinder aus: „DMB" – Diagnostisches Inventar motorischer Basiskompetenzen bei lern- und entwicklungsauffälligen Kindern im Grundschulalter. EGGERT, Dortmund, 1993.

Die diagnostischen Grundlagen für eine unterrichtsimmanente Förderung der sensorischen Integration bilden aber vor allem – neben den Verhaltensbeobachtungen, Frage-und Anamnesebögen, standardisierten informellen Beobachtungsverfahren – **die klinischen Beobachtungen.** Dabei handelt es sich um standardisierte, gestellte Situationen mit einem einzelnen Kind, in der die Reaktion des Kindes genau beobachtet und nach festgelegten Kriterien bewertet wird (vgl. Brand, 1988, S.16). Die Übungen beziehen sich auf die Überprüfung von Reflexen, sowie auf die Qualität der Bewegungs- und Haltungsanpassung, des Gleichgewichts, der Koordination sowie der motorischen Planung und Organisation von Handlungsabläufen.

Klinische Beobachtung als „exakteste" Diagnostik

49

Beispielhaft sollen drei Übungen vorgestellt werden:

- „Beugestellung in der Rückenlage" (TLR = Tonischer Labyrinthreflex) Das Kind liegt in der Rückenlage auf der Matte und soll die Arme verschränken und mit Hilfe der Anweisung: „Roll dich wie ein Ball zusammen" den Kopf und die Knie so nah wie möglich zusammenbringen. Diese Stellung soll auch gegen den durch die Hände der Ergotherapeutin produzierten Widerstand gehalten werden. Die Übung überprüft die Richtreaktion gegen die Schwerkraft mittels der Beugemuskeln. Sie gibt auch Information über die Funktionsfähigkeit des Vestibularsystems und den Stand der Praxie.

- „Finger zur Nase". Bei dieser Übung sollen im Schneidersitz die Arme waagerecht auf Schulterhöhe seitlich vom Körper weggehalten werden und bei geschlossenen Augen mit dem rechten Zeigefinger die Nase berührt werden. Es wird überprüft, ob es gelingt, durch anpassende Bewegung des Fingers und des Armes, genau die Nase zu finden. Neben der exakten Wahrnehmung der Lage seines Armes im Raum wird die Finger- und Handmotorik getestet.

- „Schilders Armstrecktest" (Arm-Extension-Test). Bei dieser Übung geht es darum, im Stehen die Arme auf Schulterhöhe nach vorn zu strecken, die Finger auseinanderzuspreitzen, die Augen zu schließen und bis zehn zu zählen. Diese Übung überprüft die Beherrschung der waagerechten Armstellung mit geschlossenen Augen. Außerdem lenkt das Zählen die Aufmerksamkeit von den oberen Extremitäten ab und ermöglicht die Überprüfung von evtl. unfreiwillig auftretenden Mitbewegungen anderer Körperteile.

Prozeßorientierte Diagnostik und Förderdiagnostik

Diese sogenannten „Klinischen Beobachtungen" werden von ergotherapeutisch geschultem „Fachpersonal" durchgeführt, wenn sich Hinweise auf bestimmte sensorische Integrationsstörungen verdichtet haben und differentialdiagnostische Exaktheit vonnöten ist. Die Aufgaben der Pädagoginnen und Pädagogen bestehen vor allem darin, verantwortungsbewußt, diese Untersuchungen zu initiieren (durch interdisziplinäre Zusammenarbeit „im Hause" oder Kontaktaufnahme zu einer ergotherapeutischen Praxis unter Einbeziehung der Elternaktivitäten), und durch protokollierende Beobachtungen die Ergebnisse zu dokumentieren.

3.2 Entstehung, Gestalt und Bedeutung der sensomotorischen Lernschrittfolge als ein Bestandteil des Erstlesekonzepts

Zu Beginn soll kurz die Vorgeschichte zur Entwicklung der Lernschrittfolge skizziert werden. Meine Kollegin und ich leiteten eine Klasse von neun Schülerinnen und Schülern mit geistiger und schwerer Mehrfachbehinderung. Sechs Schülerinnen und Schüler verfügten von Anfang an über eine kommunikative Kompetenz auf verschiedenen Ebenen der Sprache, die sie durchgängig in jedes Alltagshandeln miteinbrachten – eine wesentliche Grundlage zum Aufbau eines Erstleseprozesses: „Lesen und Schreiben können kommt auch vom Sprechen oder sich ausdrücken können".

Die Erfahrung: „das, was ich erzähle – wie auch immer – kann man auch aufschreiben – wie auch immer – ist für die weitere Entwicklung von Kenntnissen im Schriftspracherwerb für Kinder von überraschender, motivierender und damit elementarer Bedeutung.

Den Ausgangspunkt dazu stellen zunächst einmal die Erfahrungen beim sogenannten primären Spracherwerb auf allen Ebenen dar und die entsprechenden sprachlichen Gestaltungen der Kinder. Davon ausgehend sollen „Brücken gebaut" werden zu Begegnungen mit der Schriftsprache in ihrer Präsentation z.B. bei bildsymbolisch Dargestelltem, in Vorlesetexten oder auch schon im Umgang mit selbst gestalteten Büchern. Das Herbeiführen von Sinnentnahme, die Verdeutlichung der Grundelemente von Schriftsprachlichem sowie die Vermittlung der eigenen Erlebnisqualitäten beim Umgang mit (Bild) Texten und Büchern, bilden dabei die Schwerpunkte dieser „vorbereitenden und später den Erstleseprozeß durchaus variiert begleitenden Übungen".

Die Zusammenhänge Sprache und Schrift schon früh verdeutlichen

Auswahlweise seien einige dieser Übungen beschrieben:

„Erzähltisch"

Dieses motivierende „Lesevorbereitungsangebot" kann – nach entsprechender Einführung – in einem Klassenleben institutionalisiert werden. Es beinhaltet die Aufforderung und Möglichkeit für die Schüler (und grundsätzlich auch für die Lehrer der

Klasse), Ereignisse und Erlebtes auf einem, eigens dafür be-
reitstehenden Tisch sitzend, den Mitschülern zu berichten (äu-
ßerlich kann diese Erzählsituation noch – je nach Schülern
und Situation – variiert werden, indem auf den Tisch ein klei-
nerer Stuhl gestellt wird – unter psychohygienischen und auch
psychomotorischen Gesichtspunkten ist das für manche Schüler eine Bereicherung). Wann immer es sich in das laufende
Unterrichtsgeschehen einflechten ließ, wurden die jeweiligen
Schüler, die meist aufgeregt bzw. emotional angesprochen von
etwas Erlebtem (Wochenend-, Ferien-, Freizeiterlebnisse aber
auch Geschehnisse den Schulalltag betreffend) berichten woll-
ten, aufgefordert, sich auf den Erzähltisch zu setzen und allen
davon zu erzählen.

Nach einer Zeit der „Gewöhnung" an diese „Institution" kann
die Situation erweitert werden, indem der Lehrer hinter dem
Schüler an der Tafel alles „mitschreibt" – wie auch immer die
„Erzählung" des Schülers gestaltet ist, es besteht immer die
Möglichkeit, das lautsprachlich Produzierte in einfachster Form
bildlich oder bildsymbolisch grafisch darzustellen – der Variation dieser Darstellungen in Form von differenzierteren oder

Abb. 1: Erzähltisch

auch abstrakteren bildsymbolischen Gestaltungen oder auch der zunehmenden Verwendung erster bekannter Schlüsselwörter und Buchstaben sind keine Grenzen gesetzt.

Für die Schüler bedeutet diese „Maßnahme" die verblüffende Erfahrung: „das, was ich gesagt habe, kann man auch aufschreiben"! Durch die enge Verbindung von aktuell bedeutsamen Inhalten für die Schüler mit der schriftsprachlichen Präsentation des Geäußerten entsteht ein Zugang, der für die Schüler sozusagen hautnah ist und dadurch das Interesse für die Möglichkeiten der schriftlichen Sprache weckt.

„Vorlesetexte"

Bei dieser „Maßnahme" handelt es sich um das Vorlesen einfacher Texte aus der Kinderbuchliteratur währenddessen die Schülerinnen und Schüler ihre Aktivität des Zuhörens durch gleichzeitiges Malen begleiten können. Die Intentionen dieses Angebots liegen vor allem darin, den Schülern schon früh zu „schriftspracheneigenen" Erlebens- und Erfahrungsmöglichkeiten zu verhelfen, um diesbezügliche Wertschätzungen bei den Schülern anzubahnen – die gleichzeitige Möglichkeit des Malens (mit nicht aufwendigen Techniken) soll dazu dienen, die Konzentration länger erhalten zu können, aber auch – in welch einfacher Form auch immer – dem auditiv Wahrgenommenen eine andere Gestalt geben zu können.

„Unser Buch"

Bei diesem „Gruppenbuch" kann es sich um ein DIN A4 oder DIN A3 großes und mit Blankoseiten gebundenes Buch handeln, das in starken Karton eingebunden ist. Dieses Buch sollte im Klassenraum stets präsent sein an einem eigens dafür bestimmten Platz. Es dient dazu, als Gemeinschaftswerk gestaltet, die verschiedenen Lernereignisse und Erlebnisse im Schulalltag darin aufzunehmen. Durch entsprechendes „Aufschreiben", Malen, Einkleben, etc. wird es zu einer Dokumentation von Lern- und Gemeinschaftsereignissen, deren Auswahl und Eintragung sich nach den geäußerten Schülerinteressen- und Wünschen richtet. Dieses Angebot intendiert vor allem, die Anbahnung und Förderung der Beziehung zum Buch als einem Repräsentanten für Schriftsprachliches – auf der Grundlage diesbezüglich geäußerter Schülerinteressen, -fähigkeiten und -ideen. Im weiteren Sinne beinhaltet auch diese motivierende Lesevorbereitungsmaßnahme die Möglichkeit, den Schülern die kommunikative Einheit von Sprechen – Lesen – Schreiben zu verdeutlichen.

Alles in allem läßt sich die vorbereitende Phase zum Erstleseprozeß dahingehend zusammenfassen, daß

- der Förderung der lautsprachlichen Kompetenz und des gesamten Ausdrucksvermögens eine grundlegende Bedeutung zukommt

- die Verbindung von Gesprochenen mit Verschriftlichtem in einfachster Form zu einem „türöffnenden Aha-Erlebnis" für die Schülerinnen und Schüler werden kann

- die Beziehung der Schüler zu ersten und einfachen Bildsymbolen eine persönliche sein muß

- die Leserichtung und das Zeilenprinzip schon handelnd durch Reihenbildungen mit Spielzeug oder bildsymbolische Aussagen vorgeübt werden kann.

Nach dieser „experimentellen" Phase mit vielen anschaulichen, handelnden Übungen kristallisierte sich ein Kern von Übungsfolgen heraus, die sich – beurteilt durch den erfolgreichen Lernfortschritt der Schüler – als scheinbar unverzichtbarer roter Faden in der Gestaltung des Erstleseprozesses herausstellten.

3.2.1 Fachdidaktische und fachwissenschaftliche Aspekte

So entwickelte sich ein „Gerüst" von Grundübungen zur ganzheitlichen, analytisch – synthetischen Erfassung erster „Fibelwörter" oder „Schlüsselwörter" mit „allen Sinnen"!

Diese Abfolge von Lernschritten ist als möglichst variantenreiches, zu füllendes Gerüst zu verstehen, dem eine gewisse Struktur innewohnt – die Reihenfolge ist nur gering auszutauschen.

Neben dieser, sich in etwa aufbauenden Abfolge, ist ein weiteres entscheidendes Merkmal, daß das „System" lehrwerkeunabhängig ist. D.h., es ist wie eine „richtungsweisende Schablone" den unterschiedlichsten Lehrwerken „aufzulegen". Jeder Lehrer und jede Lehrerin hat im Verlaufe des Erstleseprozesses die Erfahrung gemacht, daß das strikte Vorgehen nach einem Fibelwerk den unterschiedlichen Lerninteressen, -fähigkeiten und -tempi der Schülerschaft nicht gerecht werden kann. Eine lehrwerkeübergreifende Strukturierung des Erstleseprozesses ermöglicht das modifizierte und unabhängigere Gestalten des Leselernprozesses, stellt aber dennoch eine Art „Geländer" dar, an dem man sich orientieren kann, immer unterstellt – und das entspricht dem erlebten Erfahrungsprozeß der Autorin –, daß es sich bei der vorgestellten Struktur um die notwendigen, unverzichtbaren Eckpfeiler des Erstlesenlernens handelt. Der Umgang mit einem gewählten Erstlesewerk steht so in einem freien Raum, der unter Beachtung von individuellen Lerninteressen von Schülern oder Schülergruppen zu gestalten und zu prägen ist.

Nach den als wesentlich benannten Merkmalen der Lernschrittfolge:

- eine gewisse verbindliche Strukturierung der Abfolge

- die lehrwerkeunabhängige Gestalt der Lernschrittfolge

sei als drittes, wesentliches Merkmal

- die psychomotorisch ausgerichtete Gestaltung der einzelnen Lernschritte erwähnt.

Die vorsichtig verwendete Formulierung der „psychomotorisch ausgerichteten Gestaltung" der Lernschrittfolge deutet darauf hin, daß u.U. nicht jeder einzelne, das Konzept ergänzende Lernschritt der strengen Definition dessen, was unter Psychomotorik zu verstehen ist, standhalten würde. Wohl aber ist die Folge im Ganzen und viele ihrer einzelnen Lernschritte gekennzeichnet durch das, was psychomotorischen Übungen zueigen ist:

- im Mittelpunkt der psychomotorischen Förderung steht die Förderung der Persönlichkeit des Kindes und dessen Handlungskompetenz – und zwar der Ich-, Sach-, Sozial- und Emotionalkompetenz

- die Übungen finden im Gruppengeschehen statt

- die Übungen werden mit motivierenden, emotional ansprechenden Akzenten angeboten

- die Übungen dienen der Verbesserung motorischer Funktionen und Bewegungsfähigkeiten.

3.2.2 Die Lernschrittfolge

*die Lern-
schrittfolge als
zu ergänzen-
des „Gerüst"
von Übungs-
beispielen*

Die psychomotorisch akzentuierten Lernschritte zur Einführung von Schlüsselwörtern beim Erstlesen mit Schülerinnen und Schülern mit geistiger Behinderung sollen nun im Einzelnen vorgestellt werden. Noch einmal sei betont, daß die jeweiligen praktischen Beispiele ergänzt, erweitert, variiert und modifiziert werden sollen – je nach Schülerschaft, Lernfortschreiten und eigenen Einschätzungen.

Die von der Autorin erprobte und zusammengestellte Lernschrittfolge wird mit einer jeweiligen „Grundausstattung" praktischer Beispiele präsentiert – ergänzt werden sie durch – als „weitere Beispiele" gekennzeichnete – Übungsfolgen, die Kolleginnen in ihrer Unterrichtstätigkeit und Studentinnen und Studenten im Rahmen des, von der Autorin konzipierten und durchgeführten Seminars: „Leseunterricht in Bewegung – Bewegung im Leseunterricht" an der Universität Köln entwickelt oder zusammengetragen haben.

Präsentation der jeweiligen Fibelfigur

Zu Beginn des Erstleseprozesses ist es aus emotionalen und motivationalen Gründen wichtig, die ersten Fibelfiguren z.B. per Handpuppe in kleinen Rollenspielen vorzustellen. Die Handpuppen sollten auch nur zu diesem Zweck „erscheinen" und übernehmen spielerisch die Rolle des Lehrers, um z.B. Ganzwörter auditiv und visuell (bildlich und graphemisch) vorzustellen. Spontan können sie auch bei der weiteren Bearbeitung der eingeführten Fibel oder Schlüsselwörter „Hilfslehrerrollen" übernehmen. Das Einführen von neuen Fibelfiguren bzw. Ganzwörtern mit entsprechenden Handpuppen gibt vor allem jüngeren Schülerinnen und Schülern die Möglichkeit, über „die Brücke der emotionalen Anbindung" einen leichteren Zugang zu den nachfolgenden kognitiven Anforderungen zu finden.

Damit bei der weiteren Einführung von Schlüsselwörtern in Verbindung mit Fibelfiguren nicht „jede Menge" neuer Handpuppen angeschafft werden müssen, kann eine Fibelfigur im Rollenspiel beginnen, „die Freunde zu fotografieren", somit erscheinen ab einem bestimmten Zeitpunkt nur noch neue großflächige Abbildungen.

Präsentation des zur Fibelfigur dazugehörigen Schlüsselwortes

Damit ist die großflächige, visuelle Darbietung des Wortbildes gemeint durch den OHP und durch Aufhängen des Schriftzuges an einer dafür vorgesehenen freien Wandfläche im Klassenraum zur beständigen Präsentation. Weitere Beispiele:

*   aufschreiben des Schlüsselwortes mit Kreide überall im Klassenraum – die Schüler suchen die Wörter und wischen sie mit einem Tuch aus.

Einführung der entsprechenden Lautgebärden

Die Verknüpfung der visuellen und auditiven Präsentation eines Schlüsselwortes mit Lautgebärden verringert den Abstraktionsgehalt der lautlichen Analyse und Synthese im Wortbild. (Zur Umsetzung von Lauten in Laut-Handzeichen sei auf die – vom Kollegium der Pestalozzischule selbst zusammengestellte – Übersicht unter: „Praktische Hinweise und Arbeitshilfen" verwiesen.)

Visuelle Präsentation des Schlüsselwortes mit der Abbildung der Fibelfigur

Eine großflächige, zusammenhängende Darstellung von Beidem bietet sich als Präsenz des jeweiligen Wortbildes im Klassenraum an. Weitere Beispiele:

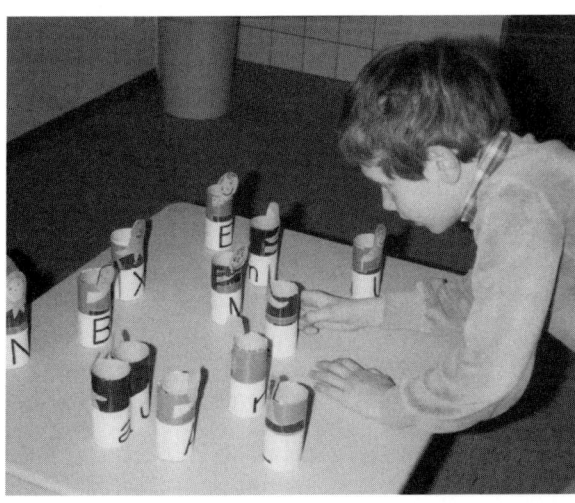

Abb. 2a:
Buchstaben-
puppen

- es könnten Fotos von den einzelnen Schülern gemacht werden, wenn sie im Rollenspiel mit der Handpuppe oder Abbildungen der Schlüsselwörter agieren, dazu sollen dann die Schriftzüge des Schlüsselwortes zugeordnet werden und zusammen mit den (evtl. vergrößerten oder vergrößert kopierten) Fotos aufgehängt werden.

Abb. 2b: Buchstabenpuppen

Grobmotorisches Erfassen des Schlüsselwortes und dessen Buchstabenbestandes

Z.B. „Erlaufen" des Schlüsselwortes; „Nachfahren" des großflächig – mit Tesa-Krepp aufgeklebten – Wortbildes mit Bällen, Spielzeugautos, Rollschuhen, Überspringen des Schlüsselwortes im „Hüpfekästchenspiel". Weitere Beispiele:

- Bleischnüre zu Buchstabenformen auf rutschfesten Unterlagen auslegen und die Form nachlegen oder in Schreibrichtung „erspürend" ablaufen.

- Lesen beim Ballspiel im Kreis: abprellen von Wortbildern auf dem Fußboden: jeder Schüler hat eine Buchstaben-,

Silben- oder Wortbildkarte mit einer Klammer am Pulli befestigt; durch Zuwerfen und gleichzeitigem Zuruf (lesen) des

geklammerten Buchstaben, Silbe, Wort wird ein Knautschball zugeworfen. Variante: Buchstaben-, Silben- oder Wortkarten liegen auf dem Fußboden in der Kreismitte; durch Abprellen und gleichzeitigem Lesen, Sprechen der abgeprellten Karte, werden die Buchstaben benannt, Silben zu Worten zusammengezogen und ganze Sätze gelesen und abgeprellt.

Abb. 3: (© Michael Bause, Bonn)

Abb. 4: Wörter mit dem Ball prellen (© Michael Bause, Bonn)

Visuelle Differenzierung des Ganzwortes

Z.B. „Abwerfen" des gefragten und mit Kreide mehrfach aufgeschriebenen Ganzwortes (vermischt mit anderen, schon bekannten Schlüsselwörtern) mit einem (stoffe)gefüllten Kopfkissen an der Wandtafel oder „Einkreiseübungen" auf dem Arbeitsblatt. Weitere Beispiele: Lesen im Spinnennetz: circa 50-60m Gummiband werden aneinander geknotet und kreuz und quer durch den Raum gespannt; es entsteht ein „Spinnennetz". Lesekarten werden mit Klammern an den Gummifäden befestigt (Wort-, Silben- oder Buchstabenkarten). Vorher genannte Wortbilder sollen im Spinnennetz gesucht und erlesend erkannt werden; dabei sollen die Fäden des Spinnennetzes möglichst nicht berührt werden.

Visuelle Differenzierung der Buchstaben des Ganzwortes

Abb. 5: Ganzwörterabwerfen

Z.B. durch Abwerfübungen mit Bällen an der Wandtafel oder Einkreiseübungen auf dem Arbeitsblatt. Weitere Beispiele:

- die Schüler haben eine Wortkarte mit einem Schlüsselwort vor sich und einen Beutel, in dem einzelne Buchstabenkarten enthalten sind. Es werden nacheinander Buchstabenkarten gezogen – „passende" unter das Wortbild gelegt und die anderen in einem Kästchen aussortiert.

- Die Schüler haben eine Wortkarte mit einem Schlüsselwort vor sich und eine Reihe von Gläsern, in die die „passenden" mit Einzelbuchstaben beschrifteten Kronkorken einsortiert werden.

Taktiles Erfassen des Ganzwortes und seiner Buchstaben

Z.B. „Nachspüren" der aus verschiedenen Stoffen bestehenden Buchstaben; „Herausfischen" der Buchstaben eines Ganzwortes aus mit Sand gefüllten Behältern.

Weitere Beispiele:

- Tastsack mit Holzbuchstaben: in einen Tastsack werden unterschiedliche Holzbuchstaben gelegt und mit verbundenen Augen ertastet – genannte Buchstaben werden herausgesucht.

- Buchstaben des Schlüsselwortes aus Kunststoff sollen mit verbundenen Augen in einer mit Wasser gefüllten Schüssel ertastet und erkannt werden.

- Die Buchstaben des Ganzwortes werden (mit Hilfestellung) mit Sand in Kleister auf eine Tapete gerieselt und können nach dem Trocknen ertastet werden.

- Das Ganzwort oder seine Einzelbuchstaben werden auf den Rücken oder das Bein des Schülers „geschrieben".

- Buchstaben aus Holz oder gebranntem Ton müssen in einer mit Hülsenfrüchten gefüllten Kiste ertastet und erraten werden.

Auditive Differenzierung der Laute eines Ganzwortes

Z.B. Bestimmung der Anfangslaute durch Zuordnung von Gegenstandsabbildungen mit gleichem Anfangslaut zum entsprechenden Schlüsselwort – auch als Spiel möglich durch „Abfahren von Abbildungskästchen" zum „Schlüsselwortkästchen" mit dem Rollbrett. Weitere Beispiele:

- die Schüler erhalten Klebeetiketten mit Buchstaben, die sie auf Gegenstände, Möbel und Sachen kleben können, die den entsprechenden Anlaut haben.

- „Hausaufgabe": die Schüler sollen für einen bestimmten Buchstaben ein Spielzeug mit entsprechendem Anlaut mitbringen

- die Spielzeuge werden vorgestellt – die Anlaute dazu benannt

- Worte durch's Rohr flüstern: eine Wortgestalt wird einem Schüler durch ein Kunststoffrohr zugeflüstert – derjenige läuft zu einem anderen Schüler und sagt ihm dieses Wort ins Ohr, daraufhin fährt dieser Schüler auf dem Rollbrett zu einem – mit Tesa Krepp – auf dem Boden geklebten Abbildungskästchen, sucht das Bild zum Wort und bringt es rollbrettfahrenderweise zum Ablegen zu dem „Briefkasten" am Ausgangspunkt (beim Kunststoffrohr).

Schreibmotorische Übungen

Diese Übungen verstärken die Motivation zum Umgang mit der Schriftsprache: z.b. großflächige, vom Grob- zum Feinmotorischen verlaufende „Nachfahr- und Nachspurübungen". Das „Schule-Spiel": dabei handelt es sich um ein Würfelspiel. Es besteht aus einem 1,50 x 1m großen, flächig gestalteten, biegsam kartonierten und mit Folie überzogenen Spielplan, auf dem in vereinfachter Form der Schulgebäudegrundriß der jeweiligen Schule aufgezeichnet ist. Der Innengebäudegrundriß bildet das Spielfeld, auf dem Start- und Zielmarkierungen, sowie jeweils start- und zielverbindende Routen eingezeichnet sind. Die Startpunkte sind durch unterschiedlich farbig ausgemalte Kreise (in farblicher Identität mit den Spielfiguren) markiert – die Zielpunkte bilden die im Spielverlauf jeweils zu erreichenden aufgezeichneten Räume, die durch von den Schülern gemalte Symbolschilder kenntlich gemacht sind (die Symbole für die verschiedenen Räumlichkeiten wurden vorausgehend in einer „Schulsafari" von den Schülern selbst entworfen. (Raumwahrnehmungserfahrungen!) Die, Start und Ziel verbindenden Routen bestehen aus, den jeweils farbigen Startpunkten zugeordneten, gleichfarbigen, geschlängelten Linien, die je 22 unausgefüllte wiederum gleichfarbige Kreise miteinander verbinden.

Auf jeder Route sind jeweils 10 der Routen-Kreise durch ein schwarzes Kreuz optisch besonders hervorgehoben (unregelmäßig verteilt, aber regelmäßig an den Schnittpunkten sich überschneidender Routen erscheinend).

Das Spielplan-Zubehör besteht aus fünf verschieden farbigen Spielfiguren („Mensch-ärgere-dich-nicht-Püppchen") und fünf

Würfeln; weiterhin aus 40 Anweisungskärtchen, fünf – je nach Lernstand – notwendig großen „Blankoheften" und fünf entsprechend dickeren oder dünneren Stiften.

Abb. 6: Schule-Spiel

Zu spielen ist das Spiel mit max. 10 Personen partnerweise. Die Spielregeln seien nachfolgend – gleichzeitig den Spielablauf dokumentierend – stichwortartig genannt:

- sich einen Partner suchen
- eine Spielkarte ziehen (flexible Symbolschilder in Identität mit an den Startpunkten aufgemalten Symbolen)
- mit Hilfe der gezogenen Spielkarte den Startplatz suchen (Bild – zu Bildzuordnung)
- visuell die, vom Startplatz ausgehende Route bis zu ihrem Ziel verfolgen
- den so identifizierten Zielpunkt (aus einer aufgezeichneten Räumlichkeit im Innengebäudegrundriß bestehend) mit der gezogenen flexiblen Symbolkarte markieren
- partnerweise die Plätze an Start – und Zielpunkten einnehmen

Das „Schule-Spiel" als eine Ansammlung verschiedener Übungsakzente

63

- Vorlesen einer gezogenen Anweisungskarte durch einen Partner (Gestaltung der Anweisung je nach Lernstand der Schüler) – im Falle des Erreichens eines mit Kreuz markierten Kreises auf der Route

- schriftliche Lösung der Aufgabe (wie auch immer differenziert gefordert – je nach Lernstand) auf Seiten des schreibenden Partners

- Versehen des Geschriebenen durch ein eingekreistes Kreuzchen (entsprechend der Markierung auf dem Spielplan)

- gewonnen hat das Paar, das am Ende die meisten Kreuzchen aufweisen kann, also am Häufigsten durch entsprechendes Würfelglück zum Lesen und Schreiben kam.

Sinnerfassungsübungen durch Integration des Schlüsselwortes in bildsymbolisch dargestellte Zusammenhänge

Z.B. durch schülereigene „Briefkästen" mit regelmäßigem „Postabwurf"; wann immer das Posthorn-Symbol an der Tafel durch Magnete befestigt war, wußten die Schüler: „die Post war da!" Sie liefen zu den Briefkästen (Schuhkartons, die sie gelb bemalt hatten) und lasen ihre Briefe, die mehr und mehr Inhalte der „Lesestunden" auf dem jeweiligen Lernniveau vertieften. Weitere Beispiele:

- mit Bildkarten, Photos der Schüler und Verbindungs-Ganzwörtern wie: „im" oder „am", „und" können die Schüler selbst Sätze an der Tafel bilden und

- diese dann durch reale Gegenstände nachlegen

- oder sie in kleinen Rollenspielen nachspielen

- oder: ein Schüler spielt einen zugeflüsterten Satz nach – die anderen „schreiben ihn an der Tafel auf".

Erste Syntheseübungen

Z.B. durch selbstgestaltete Buchstabenpuppen (aus Toilettenpapierrollen), die auf der Vorder- und Rückseite den Groß- und Kleinbuchstaben des gleichen Graphems tragen und „zueinandertanzen wollen", bis sie sich „anfassen". Weitere Beispiele:

- sogenannte „Tapeten-T-Shirts" (Tapetenpapier doppelseitig nehmen und in der Falz ein Loch für den Kopf ausschneiden) mit den einzelnen Buchstaben eines Schlüsselwortes auf der Vorderseite beschriften. Die Schüler ziehen ihre T-Shirts an und finden sich spielerisch im „Buchstabentanz" mit Hilfe eines „Regisseurs" (ein helfender Schüler) zum Schlüsselwort zusammen (das evtl. zur Orientierung als Ganzwort auch an der Tafel steht).

3.3 Die unterrichtsimmanente Förderung sensorischer Integration als ein weiterer Bestandteil des Erstlesekonzepts

Unter dem Eindruck gemeinsam erlebter Fortbildungen zum Thema:

„Sensorische Integration – Störungen und Behandlungen – auch im Anfangsunterricht" (Referentinnen: S. MOORMANN-SCHLUMP und G. KESPER) beschlossen meine Kollegin, B. NONN, und ich über die Veränderungsmöglichkeiten des Anfangsunterrichts auch in unserer Schulform nachzudenken.

Sehr bald erkannten wir die Übertragbarkeit der Grundelemente des erfahrenen Konzepts in den Erstlese- und Rechenunterricht für unsere Schülerschaft, die besondere Bedeutung, die Modifizierungsmöglichkeiten und zusätzliche „Lerneffekte". „Auf diesem Hintergrund entstand die veränderte Unterrichtsorganisation und die gemeinsame Entwicklung von 12 bis 15 Lernstationen zur Förderung der sensorischen Integration bei gleichzeitiger Übung und Vertiefung eingeführter Lerninhalte im Erstlesen und Rechnen. Gestalt und Inhalt der Lernstationen stellen zum einen modifizierte Formen entsprechender Vorgaben aus den genannten Fortbildungen und den Anregungen aus dem sehr praxisnahen Buch von BRAND (1988) dar – zum anderen basiert ein guter Teil der Lernstationen auf eigenen Ideen." (NONN und WISCHMEYER 1994, S. 877-883)

Lernstationen zur Übung und Vertiefung von Lerninhalten im Lesen und Rechnen

Zu dem so häufig verwendeten Begriff der „Lernstation" sei an dieser Stelle einmal angemerkt, daß er der sprachlichen Vereinfachung dient, nicht aber als definierter fachlicher Terminus zur Disposition stehen soll. Das Unterrichtsangebot des Lernens an Lernstationen bildet den zweiten Teil des hier vorgestellten Erstlesekonzepts.

Abb. 7: Offenes Lernen

Dieses Angebot dient dazu, den Schülerinnen und Schülern mit geistiger Behinderung eine Erweiterung ihrer Selbsterfahrungsmöglichkeiten im Zusammenhang mit der Erfüllung kognitiver Anforderungen zu ermöglichen. Die gleichzeitige Ansprache in den Nahsinnessystemen bei kognitiv ausgerichteten Strukturen und Anforderungen bewirkt bei den Schülern ein ganzheitliches Angesprochensein.

Das Lernen an den Lernstationen berücksichtigt emotionale, psychische und motivationale Faktoren ebenso wie kognitive Ansprüche und die konkrete Anregung in der „sensomotorischen Basiswahrnehmung" eines jeden Schülers.

die pädago-gisch-didaktische Zielsetzung steht im Vordergrund

Dabei steht die pädagogisch-didaktische Zielsetzung des Unterrichts im Vordergrund. Die Förderung der sensorischen Integration ist nur ein Teil, der quasi in pädagogisierter Form nicht gezielt „neurologische Defizite" beheben will, sondern gewährleistet, daß die Schülerinnen und Schüler sogar bei „verkopften" Aufgabenstellungen sich „basal erleben" können mit dem Ziel, daß dieser „ganzheitliche Bogen" die Grundlagen des Lernens wie Aufmerksamkeit, Konzentration und Ausdauer erweitert und stabilisiert.

Abb. 8: Schlüsselwörter abwerfen (LST) © Michael Bause, Bonn

„Die empfundenen Defizite in den genannten Sinnessystemen beanspruchen die Schüler oft derartig in ihrer Eigenwahrnehmung, daß sie sich kaum stark kognitiv geprägten Lerninhalten öffnen können.... Das Schaffen von Sinneseindrücken aber, vor allem seitens der genannten Sinnessysteme, in richtiger Dosierung, mit geeigneten Medien und damit verbundenen Handlungsabläufen hilft den Schülern, die empfundenen Defizite in den entsprechenden Situationen auszugleichen und dann 'quasi im Kopf frei zu werden' für kognitive Leistungsanforderungen." (NONN und WISCHMEYER 1994, S. 877-883)

Die unterrichtspädagogische Bedeutung dieses 2. Bestandteils des Erstlesekonzepts liegt vor allem in der Wiederholung und Festigung von neu erarbeiteten Erstleseinhalten (wie z.B. neuen Schlüsselwörtern, Erweiterung des Buchstabenbestandes, Erarbeitung von Satzstrukturen etc.) durch die vorgestellte Lernschrittfolge. Die Schüler werden also in ihrer Tätigkeit an den Lernstationen mit schon bekannten Lerninhalten konfrontiert, zu deren vertiefender Kenntnis die Wiederholung, Vertiefung und Übung unabdingbar ist.

Wiederholung und Festigung neuer Lerninhalte

3.3.1 Pädagogische Aspekte

Das Lernen an den Lernstationen ist als **offene Unterrichtsform** zu bezeichnen.

Abb. 9

Indem die Schüler nach ihrem Arbeitsrhythmus tätig sein können – sich meist selbst die nächste Lernstation aussuchen können, werden sie in ihrer **Selbständigkeit** gefördert. Nach anfänglich vorwiegender **Einzelarbeit** an den einzelnen Lernstationen begannen die Schüler von sich aus **partnerweise** an den Stationen zu arbeiten. Dabei ist es wichtig, daß sie sich über das Vorgehen verständigen und Entscheidungen treffen. Unter **sozialerzieherischen Gesichtspunkten** gilt die Regel, eine Station „aufgeräumt" zu verlassen, damit zum einen der nächste seine Arbeit zügig beginnen kann und zum anderen der vorherige durch das Aufräumen seine Lerntätigkeit noch einmal auf diese Weise vertieft.

Durch die angesprochenen Handlungsfreiräume sind die Schüler **motiviert,** an den Lernstationen zu arbeiten – auch wenn es inhaltlich um wiederholende und vertiefende Übungen geht.

3.3.2 Didaktische Aspekte

Im Rahmen des Tätig-Seins an Lernstationen findet in jedem Fall immer eine **innere Differenzierung statt.** Diese inneren

Differenzierungsmöglichkeiten kann man als sehr ausgereift bezeichnen. Während die „Geräte" der Lernstationen, also ihre äußeren Gestalten, immer gleich bleiben, sind die Lernmedien an den Stationen – je nach Lernstand der Schülerinnen und Schüler, die daran arbeiten, differenziert. D.h. für das Arbeiten an jeder Lernstation steht das Repertoire an Medien und Aufgabenstellungen zur Verfügung, wie es dem Leistungsstand eines jeden Schülers entspricht.

Eine **äußere Differenzierung** ergibt sich bei dieser Unterrichtsgestaltung meistens schon aus Platzgründen – der Aufbau mehrerer Lernstationen für die am Lesekurs teilnehmenden Schüler beansprucht meist den ganzen Klassenraum, so daß sich zeitgleich für die Schülerinnen und Schüler mit schwerer Mehrfachbehinderung das Bereitstellen eines anderen Förderangebots anbietet, wie z.B. ein therapeutisches Angebot. Ist es personell und räumlich möglich, kann aber auch z.b. die **basale Stimulation** als ein weiteres **binnendifferenziertes Lernangebot** für die Schüler bereitgestellt werden, die nicht am Leseunterricht teilnehmen.

Drei wesentliche didaktische Prinzipien:

• Wiederholung und Übung von Lerninhalten

• individuell differenzierende Variation der Übungen

• Ablauf der Übungen im Rahmen „lernstationen-immanenter" Handlungsabläufe

sollen an dieser Stelle noch einmal hervorgehoben werden.

3.3.3 Psychologische Aspekte

Durch die stark individualisierte und differenzierte Lernorganisation arbeiten die Schüler **nicht im Leistungsvergleich,** sondern in dem gesteckten Rahmen, der ihrem Leistungsvermögen entspricht. Dadurch kann ein Lernzutrauen bei den einzelnen Schülern (gerade bei einem so abstrakten Lerninhalt ist das von besonderer Bedeutung) entstehen.

Durch die schon angesprochene **ganzheitlichere Wahrnehmung der eigenen** Person kann eine positivere emotionale Beziehung zum eigenen Körper aufgebaut werden, die einer eher „effektorientierten" Wahrnehmung entgegenwirkt. Durch die Einbeziehung des ganzen Körpers und die Bewegungserfahrung baut sich Vertrauen zu sich selbst auf, was sich wieder positiv auf die Lernmotivation auswirkt.

Die Ausbildung von Selbst-Bewußtsein, Identität und Selbstwertgefühl sind die als bedeutsamst anzustrebenden Ziele des beschriebenen Lernkonzepts anzusehen. Alles Lernzutrauen, alle Leistungsentwicklungen bauen darauf auf.

Zusätzlich vermittelt die genaue Strukturierung der Lernstationen, der festgelegte Handlungsablauf und die gleichbleibenden „Geräte" vielen Schülerinnen und Schülern mit geistiger Behinderung (oder mit Autismus z.b.) Sicherheit und Orientierung.

3.3.4 Die Lernstationen als ein Beispiel der unterrichtsimmanenten Förderung sensorischer Integration

Bevor nun die Lernstationen im einzelnen vorgestellt werden, hier noch einige Statements zur Organisation, Inhalt und Einsatz der Stationen:

- jede Lernstation wird den Schülern einzeln vorgestellt und eingeführt, d.h. die zu beachtenden Handlungsabläufe und der „Gebrauch" der Geräte wird den Schülern bekannt und vertraut gemacht, bevor sie allein daran arbeiten

- die vorgegebene Übungs- und Bewegungsabfolge soll von den Schülern weitgehend eingehalten werden

- die mögliche Variation von Schülern bezüglich bestimmter Bewegungsabläufe sollte behutsam begleitet und beobachtet werden; treten Unsicherheiten auf, ist die Rücksprache mit den Fachtherapeuten notwendig

- jede Lernstation ist inhaltlich mit differenzierten Aufgabenstellungen zu „bestücken"

- während einer Unterrichtssequenz (zwei Unterrichtsstunden) durchlaufen alle Schüler alle Lernstationen. Dabei werden sie von den Lehrpersonen begleitet, die beobachten, wie die Schüler auf die sensorischen Integrationsanregungen reagieren und ob sie Hilfestellungen bei den Arbeitsaufträgen brauchen

- der Klassenraum ist grundsätzlich so aufgeteilt, daß relativ viel Platz zur Ausführung von Bewegungsabläufen bereitgestellt ist. Auch im „normalen" Unterricht stehen den Schülern ein Trimpolin, Therapieball und Drehkreisel zur Verfügung.

3.3.5 Die Lernstationen

Im Folgenden werden unterschiedliche Lernstationen vorgestellt. Kommentare zur methodisch-didaktische Gestaltung sowie Hinweise auf die angesprochenen Sinnessysteme ergänzen die Beschreibung.

„Wäscheleine"

Äußere Gestalt: eine Wäscheleine ist über etwa drei Metern zwischen zwei Leitern gespannt; daran hängen in Abständen Abbildungskarten der eingeführten Schlüsselwörter; unter einer Leiter stehen zwei Körbchen, eines ist gehüllt mit Wäscheklammern, das andere mit den passenden Wortkarten zu den Schlüsselwortabbildungen.

Abb. 10: Wäscheleine (LST) Auge-/Hand-/Feinmotorik

Handlungsablauf: der Schüler sitzt im Schneidersitz (ohne Schuhe) auf einem Rollbrett, fährt unter der Wäscheleine entlang und heftet jeweils eine Wortkarte mit einer Wäscheklammer an die passende Abbildungskarte. Zu beachten ist, daß immer nur eine Wortkarte und eine Klammer mitgenommen werden.

Medien: z.B. Karten mit Wortbildern, Silben, Buchstaben, Abbildungskarten der Fibelfiguren zur ergänzenden oder gleichen Zuordnung .

Angesprochene Sinnessysteme: vor allem das vestibuläre System, da die Balance gehalten werden muß, und die Bewegungen der Geschwindigkeit und der Raumlageveränderungen angepaßt werden müssen; weiterhin die Auge-Hand-Koordination beim Anklammern der Karten und die Feinmotorik bei der Handhabung der Wäscheklammern.

„Bällchensack und Eisenplatten"

Äußere Gestalt: ein 2 mal 1,5 m Meter großer, mit kleinen Plastikbällchen gefüllter Bällchensack (zusammengenähter Oberbettbezug) liegt auf dem Boden. Daneben steht eine Schale mit länglichen Eisenplatten (aus dem Baumarkt), die mit Wortbildern beklebt sind, ein „Einbein-Hocker" liegt bereit für die anleitende Person.

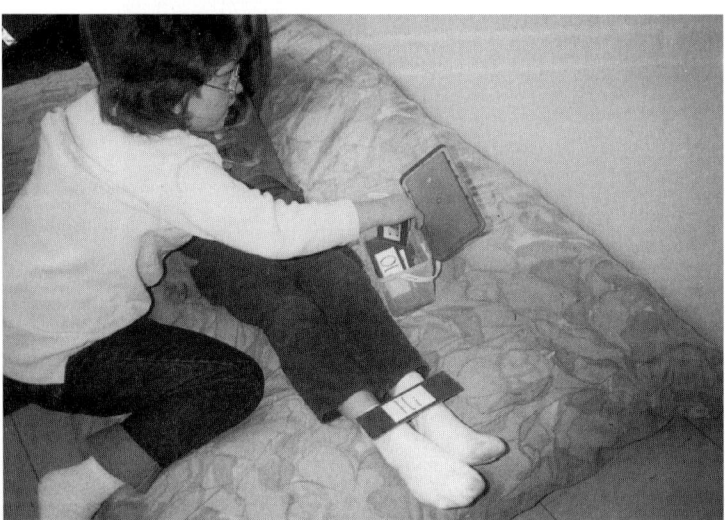

Abb. 11: Bällchenbad und Eisenplatte (LST)

Medien: z.B. die Wortbilder der Fibelfiguren; erste, einfache Satzbilder Handlungsablauf: der Schüler legt sich in Rückenlage auf den Bällchensack; ihm werden die Ganzwörter vor Augen gehalten, er erliest sie und wünscht sich, an welcher Stelle seines Körpers die „erlesene Eisenplatte" abgelegt wird.

Angesprochene Sinnessysteme: vor allem das propriozeptive und taktile System; durch die Rückenlage wird der Abdruck der Plastikbällchen über die ganze hintere Körperseite gespürt, die Ablage der Eisenplatten verstärkt diese Eigenwahrnehmung; der Druck wird gleichzeitig großflächig über die Haut wahrgenommen. Das ist **die** Lernstation für Kinder mit geringer Eigenwahrnehmung!

„Drehscheibe"

Äußere Gestalt: eine „Trimm-dich-Drehscheibe" (zu beziehen über einen Sport Verlag) liegt auf einem Filzteppichboden (z.B. in der Bau – und Leseecke). Ringsherum sind strahlenförmig Ganzwortkarten ausgelegt. Eine Schale mit den Einzelbuchstaben liegt daneben.

Medien: z.B. Schlüsselwörter, Silben und Einzelbuchstaben auf Wortkarten oder auch einfache Satzgefüge und Situationsbilder zur gleichen oder ergänzenden Zuordnung

Abb. 12: Lernstation: „Drehen und werfen"

Handlungsablauf: der Schüler setzt sich im Schneidersitz auf die Drehscheibe (ohne Schuhe) und hält die Schale mit den Buchstabenkarten auf dem Schoß. Drehenderweise ordnet er die Einzelbuchstaben den Ganzwörtern zu, bis alle Wortbilder doppelt untereinander ausgelegt sind. Es ist möglich, daß zuerst drehenderweise alle Wortbilder gelesen werden und dann die Einzelzuordnung vorgenommen wird oder die Wortbilder. Die Zuordnung finden nach und nach statt.

Angesprochene Sinnessysteme: vor allem das vestibuläre System – je nach gewähltem Handlungsablauf wird es mehr oder weniger stimuliert; in Verbindung mit dem vestibulären System wird auch direkt das visuelle Wahrnehmungssystem mit angesprochen (Augenmuskelkontrolle); durch das gleichzeitige Abstützen einer Hand, um die Drehscheibe in Schwung zu bringen und gleichzeitigem Festhalten der Schale mit den Buchstabenkarten entsteht eine Übung zur Bilateralintegration und beim Drehen der Drehscheibe mit wechselndem Einsatz der Hände kann auch das Überkreuzen der Körpermittellinie geübt werden.

„Kronkorken in Pistazienschalen auf Wackelbrett"

Äußere Gestalt: auf einem ca. eineinhalb mal einem Meter großem Wackelbrett (flache Bodenwippe aus dem Krankengymnastikbereich) steht am vorderen Rand eine Kiste mit Pistazienschalen. In den Schalen versteckt sind ca. zehn bis zwanzig Kronkorken, die innen mit Einzelbuchstaben beschriftet sind. Neben der Kiste liegen auf einem Holzbrett Wortkarten aus.

Medien: z.B. die Wortbilder der Fibelfiguren in den „Fächern" einer geleerten Pralinenschachtel und die dazugehörigen Einzelbuchstaben in den Kronkorken – denkbar ist auch die Zuordnung von Großbuchstaben als „Anfangslaute bzw. -grapheme" zu den Schlüsselwörtern.

Handlungsablauf: der Schüler sitzt im Schneidersitz (ohne Schuhe) auf dem Wackelbrett vor der Pistazienschalenkiste und sucht nacheinander die versteckten Kronkorken heraus, ordnet die Anfangsbuchstaben den entsprechenden Wortkarten zu.

Angesprochene Sinnessysteme: hauptsächlich werden an dieser Lernstation das taktile und vestibuläre Wahrnehmungssystem angesprochen. Durch das „Herausfiltern" der Kronkorken aus den Pistazienschalen werden unterschiedliche-taktile Stimulationen gegeben – gleichzeitig verlangt dieser Vorgang eine konzentrierte Auge-Hand-Koordination; der visuelle Sinn ist besonders hinsichtlich der Wahrnehmung der Formkonstanz der je unterschiedlich großen Buchstaben angesprochen.

„Lesen in Gläsern"

Äußere Gestalt: zwei Schülertische sind über Eck angeordnet. Vor einem liegt ein großer Therapieball. Auf dem seitlichen Tisch ist ein liniertes Blatt Papier ausgelegt und ein Stift. Auf dem „frontalen" Tisch stehen sechs Gläser mit Schraubverschluß, die Muggelsteine enthalten, die zusammengesetzt ein Wort ergeben. Vor den Gläsern liegt eine Filztafel als Unterlage.

Medien: z.B. Muggelsteine mit Einzelbuchstaben, die zusammengesetzt ein Schlüsselwort ergeben oder auch größere Steine mit „Ganzwörtern", die zusammengesetzt einen Satz ergeben (je nach Größe der Gläser und Steine lassen sich (Sach-) Geschichten legen. (Um die kognitiven Anforderungen langsam aufzubauen, ist es auch möglich, zunächst die Ganzwörter als Ansicht auf einem Klebestreifen an dem Glas aufzuschreiben, dann Lücken zu lassen, die ergänzt werden müssen, etc.)

Handlungsablauf: nacheinander werden die Gläser „bearbeitet": aufgeschraubt, der Inhalt wird zusammengefügt, das Wort oder der Satz werden auf dem seitlichen Tisch mit visueller Hilfe oder „auswendig" aufgeschrieben.

Abb. 13: Addieren mit Gläsern

75

Angesprochene Sinnessysteme: vor allem das propriozeptive System und feinmotorische Fähigkeiten. Sicherlich wird auch das vestibuläre System stimuliert – jedoch liegt der Schwerpunkt wegen des engen Bewegungsraums auf der verstärkten Eigenwahrnehmung durch den variierten Druck des Balls. Die Leistung der Bilateralintegration wird beim Aufschrauben der Gläser gefordert – die Leserichtung wird geübt, indem die Gläser von links nach rechts „bearbeitet" werden – das Wahrnehmen der räumlichen Beziehungen wird geübt, indem die Muggelsteine auf der Unterlage in die richtige Reihenfolge gelegt werden.

„Drehstuhl"

Äußere Gestalt: ein gepolsterter Schreibtisch Drehstuhl steht auf einer Filzunterlage (Teppichfliesen). Ringsherum sind großflächige Materialschalen ausgelegt, auf deren Grund Ganzwortkarten liegen. Eine Holzkiste mit Schraubglasdeckeln, die von innen mit den gleichen Ganzwörtern beschriftet sind, steht bereit.

Medien: z.B. Schlüsselwörter oder Silben – bzw. Einzelbuchstaben der Schlüsselwörter in den Schraubglasdeckeln und entsprechende Wortbilder in den Materialschalen, denen sie zuzuordnen sind.

Handlungsablauf: die Höhe des Drehstuhls muß der individuellen Größe der Schüler so angepaßt sein, daß die Füße ganz den Boden berühren. Der Schüler hält die Materialschale mit den Schraubglasdeckeln auf dem Schoß und wirft drehenderweise die entsprechenden Deckel in die „gefragten" Schalen.

Angesprochene Sinnessysteme: vor allem das vestibuläre System. In selbstdosierter Weise arbeitet der Schüler drehend und ist dabei auch ständig in der Auge-Hand-Koordination gefordert. Das visuelle System ist dadurch angesprochen, daß die Augenmuskeln sich in der Drehbewegung immer wieder neu anpassen müssen. Diese Lernstation ist eine der bewegungsintensiveren, deshalb sollten die Schüler im Umgang damit genau beobachtet werden, um „Überdosierungen" zu vermeiden.

„Angeln"

Äußere Gestalt: ein Einbein-Hocker steht bereit. Daneben steht eine Kiste mit Ganzwortkarten, die am Rande mit Büroklammern versehen sind. Vor dem Hocker liegt ein Holzbrett aus, auf dem die Abbildungskarten der Schlüsselwörter ausgelegt sind. Eine Angelrute mit Magnet liegt bereit.

Medien: z.B. Karten mit Abb. der Fibelfiguren, Karten mit den Ganzwörtern, Silben oder Einzelbuchstaben der Schlüsselwörter; auch Wort zu Wort – Zuordnungen oder Bild zu Bild – Zuordnungen sind möglich; ebenso kompliziertere Zuordnungen inhaltlicher Art.

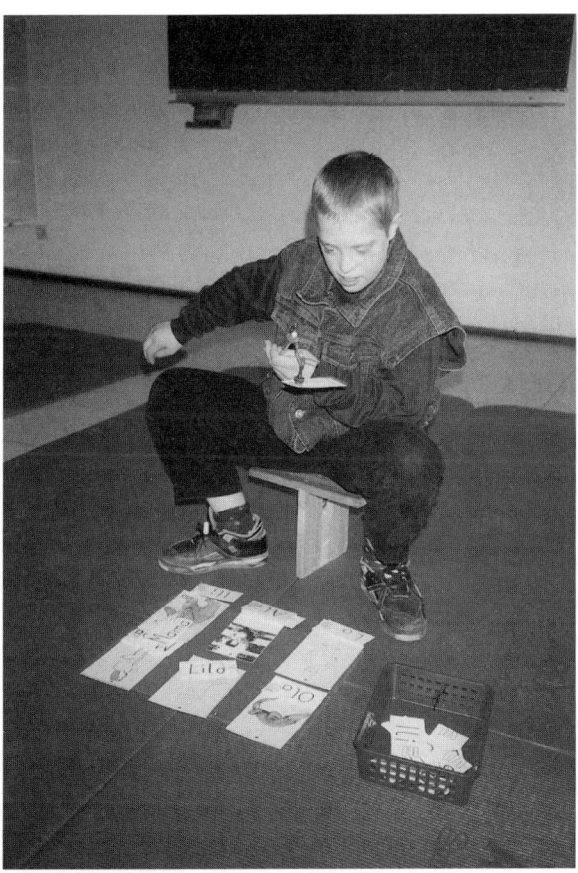

Abb. 14: Angeln (LST)

Handlungsablauf: der Schüler sitzt auf dem Einbein- oder „Wakkelhocker' (der von den Werkstufenschülern angefertigt wurde), angelt sich eine Wortkarte und legt sie auf die entsprechende Bildkarte.

Angesprochene Sinnessysteme: vor allem ist das vestibuläre System und das propriozeptive System angesprochen: durch das Balancieren auf dem Hocker und das Abstützen mit den Füßen (um seinen Mittelpunkt zu finden). Die Koordination von Auge und Hand ist nötig, um den „Vorgang des Angelns" zu bewältigen.

„Würfeln und Klemmern"

Äußere Gestalt: ein Einbein-Hocker liegt bereit. Auf einer Filztafel liegt ein Holzwürfel, der zu allen Seiten mit den bekannten Ganzwörtern beschriftet ist. Vor dem Einbein-Hocker liegen „Wortbildstränge" (Wortbilder, die untereinander geschrieben sind auf weißem Karton) und eine Schale mit Wäscheklammern.

Medien: z.B. gleiche Worte auf dem Würfel und der Wortleiste, (jedes Wort auf der Wortleiste ist seitlich rot markiert, um dort die Wäscheklammer anzuklammern – in einem ersten einfachen Lernschritt könnte die Markierung die gleiche Farbe des passenden Wortbildes haben); Anfangsbuchstaben auf dem Würfel und entsprechende Worte auf der Leiste; Silben – und Einzelbuchstaben auf dem Würfel; Abb. auf der Leiste und Worte auf dem Würfel, etc.

Handlungsablauf: der Schüler setzt sich auf den Wackelhocker, balanciert seinen Mittelpunkt aus, „erwürfelt" zur einen Seite ein Ganzwort und kennzeichnet auf der Wortleiste das gleiche Wort mit einer Wäscheklammer.

Angesprochene Sinnessysteme: in erster Linie geht es um die Stimulation des vestibulären Systems, der Auge-Hand-Koordination und der feinmotorischen Leistungen beim „Klammern" des Wortes.

„Kreiselspiel auf Therapieball"

Äußere Gestalt: ein großer Therapieball liegt vor einem Arbeitstisch. Auf dem Arbeitstisch liegt – eingefaßt in ein Holzbrett – ein Arbeitsblatt, daß viele bekannte Wortbilder enthält, die in einzelne Felder des Blattes geschrieben sind. Ein Materialschälchen mit Einzelwortkarten liegt bereit – ebenso ein liniertes Blatt Papier und Stift.

Medien: z.B. Wortbilder auf den Einzelkarten und in den Feldern des Arbeitsblattes – auszutauschen auch gegen Abbildungen der Schlüsselwörter, die einander zugeordnet werden müssen oder z.b. Bildsymbole zu Wort – oder Satzstrukturen als Sinnentnahme – Übung.

Handlungsablauf: der Schüler sitzt auf dem Therapieball und dreht den Kreisel auf dem Arbeitsblatt mit den „Wortfeldern". Das Wort auf dem der Kreisel liegenbleibt, wird vom Schüler erlesen und aus den Wortkarten des Materialschälchens herausgesucht, um es dann auf das entsprechende Wort/Bild des großen Bogens zu legen.

Angesprochene Sinnessysteme: durch das Sitzen auf dem Therapieball wird vor allem die Eigenwahrnehmung angesprochen – des Weiteren geht es bei dieser Übung vor allem um feinmotorische Leistungen und um die mögliche Ausdifferenzierung des Handlungsablaufs.

„Trimpolin"

Äußere Gestalt: ein Trimpolin und drumherum ausgelegte Wort – oder Bildkarten

Medien: z.B. die Wortkarten der Schlüsselwörter, die Abbildungen der Schlüsselwörter, Wortkarten – in Silben geschrieben.

Handlungsablauf: der Schüler federt ein wenig auf dem Trimpolin, um sich „einzuspringen", dann erliest er federnd die Wortkarten, die ihm gezeigt werden, danach springt er auf Wortkarten, die benannt werden und um das Trimpolin ausgelegt sind – dabei spricht er laut das gefragte Wort. Erneut auf dem Trimpolin hüpfend muß er das nächste Wort finden, das ihm zugerufen wird.

Angesprochene Sinnessysteme: das propriozeptive und vestibuläre System werden vor allem angesprochen – es ist eine grobmotorische Koordinationsleistung verlangt – die Wahrnehmung der Raumlage des Körpers ist angesprochen – die Verbindung der Bewegung mit dem Sprechen fördert eine Rhythmisierung der Sprache und kann als Sprechhilfe dienen.

Weitere Beispiele:

„Angeln über Therapierolle" (eine von Kolleginnen entwikkelte Lernstation)

Äußere Gestalt: auf einer Spiegelfläche (Schatz im Silbersee) liegen zahlreiche Kronkorken, die mit verschiedenen Wörtern beschriftet sind. Davor befindet sich eine große Therapierolle. Eine Angelrute mit Magnet liegt bereit. Der Schüler liegt über der Therapierolle und fischt nach den Kronkorken. Die geangelten Wörter ordnet er entsprechenden Bildern zu, die – an Materialschalen befestigt – zu seiner linken und rechten Seite aufgestellt sind und legt sie dort ab.

Handlungsablauf: bei der Arbeit wechselt der Schüler ständig zwischen der Strecklage über der Rolle (angeln) und dem Kniesitz hinter der Rolle (einsortieren) ab.

Angesprochene Sinnessysteme: durch die Bewegung und den Gegendruck der Therapierolle wird vorrangig das propriozeptive System angesprochen – das Balancehalten auf der Rolle spricht das vestibuläre System an. Vor allem durch den ständigen Positionswechsel gehen Stimulationen der beiden Nahsinnessysteme ineinander über.

„Wegweiser" (von Studentinnen und Studenten weiterentwikkelte Lernstationen)

Äußere Gestalt: eine Trimm-Dich-Drehscheibe stellt den Mittelpunkt der Lernstation dar. Davon gehen strahlenförmig vier Wege aus – bestehend aus unterschiedlichen Untergründen (Teppich, Holzbretter, Felle, Gummimatten). Am Ende dieser Wege befinden sich vier kleine Lernstationen. Das Kind sitzt barfuß im Schneidersitz auf der Drehscheibe. Drehenderweise dient diese als Wegweiser: an dem Weg, an dem die Drehscheibe anhält, geht das Kind zu seiner Lernstation und nach Erledigung der Aufgaben wieder zu „neuen Taten" zurück zur Drehscheibe.

1. Streichholzschachtel und Wattebausch

Materialien: mit einem Tuch umhüllte Kiste – darin: Wattebäuschchen, 6 Streichholzschachteln mit Schlüsselwörtern, Abbildungskarten

Durchführung: das Kind sitzt vor der Kiste. Durch eine Öffnung greift es in die Kiste und erfühlt eine Streichholzschachtel, die zwischen den Wattebäuschchen versteckt liegt. Es öffnet die Streichholzschachtel, erliest das darin enthaltene Wortkärtchen und ordnet es den seitwärts liegenden Bildkarten zu.

2. Bauklötze und Erbsen

Materialien: eine Kiste mit dem Inhalt von Bauklötzen, die mit je einem Buchstaben beschriftet sind – in einem „Erbsenbad" versteckt.

Durchführung: das Kind sucht die versteckten Bauklötze und setzt aus diesen ein Wort zusammen

3. Figuren und Holzwolle

Material: eine Kiste mit dem Inhalt von Holzwolle und aus Pappe ausgeschnittenen Figuren – eine Schachtel mit dazugehörigen Wörtern.

Durchführung: das Kind sucht die versteckten Figuren und ordnet diese den Ganzwörtern in den Schachteln zu.

4. Fischen

Material: ein Eimer mit Wasser, Magnettiere mit einem Anfangsbuchstaben, Magnetangel, Gläser mit Schraubverschluß (beschriftet mit einem Schlüsselwort).

Durchführung: das Kind angelt die Tiere, ordnet den Anfangsbuchstaben dem Schlüsselwort zu, öffnet das Glas, wirft den magnetischen Anfangsbuchstaben hinein und schließt das Glas wieder.

Angesprochene Sinnessysteme: beim Drehen auf der Drehscheibe wird das vestibuläre System angesprochen (es muß beobachtet werden, daß das Kind sich nicht überstimuliert!) – an den kleinen Lernstationen wird das taktile System in unterschiedlicher Weise angesprochen. Diese Lernstation ist vor allem zur Übung komplexer Handlungsabläufe geeignet.

„Zug bauen"

Äußere Gestalt: benötigt wird eine große Holzeisenbahn, Bauklötze, Schuhkarton, Wortkärtchen und Rollbrett. Liniertes Papier und Stift.

Handlungsablauf: die Schüler wählen sich ein Wortkärtchen aus – aus einem Karton mit Bauklötzen wählen sie die Buchstaben des Wortes und stellen sie in der richtigen Reihenfolge auf die Waggons der Eisenbahn. Auf dem Rollbrett liegenderweise wird die Buchstabenbahn zu einem Platz am anderen Ende des Klassenraums befördert – dort wird das Wort ausgeladen und noch einmal gebildet und anschließend bäuchlings auf einem bereitliegenden Papier aufgeschrieben.

Angesprochene Sinnessysteme: durch das Rollbrett fahren wird der Gleichgewichtssinn angesprochen.. Diese Lernstation kann auch abgewandelt werden für Syntheseübungen – die „Struktur" des Zuges verdeutlicht das Aneinanderhängen von Lauten und Buchstaben.

„Steine suchen"

Äußere Gestalt: benötigt werden Kieselsteine, die mit Buchstaben beschriftet sind, Wortkärtchen, Therapierolle, Korkenkissen, eine Schale mit Linsen und Erbsen.

Durchführung: Die Kinder liegen bäuchlings auf der Therapierolle – auf dem Rücken, in Höhe der Schultern ist das Korkenkissen gelagert. Vor der Therapierolle steht eine Schüssel – gehüllt mit Erbsen, Linsen und den beschrifteten Kieselsteinen. Die Schüler ziehen Wortkarten aus einem Kästchen – suchen in der Schüssel nach den entsprechenden Kieselsteinbuchstaben – legen sie in der richtigen Reihenfolge aus und schreiben das Wort auf.

Angesprochene Sinnessysteme: eine taktile Stimulation wird bewirkt durch das Tasten in der Schale – das tiefensensible System wird angesprochen durch die Lage auf der Therapierolle und den Druck des Korkenkissens von oben.

4. Kritische Anmerkungen zu dem Konzept von J. AYRES

Ausdrücklich soll an dieser Stelle eine zusammenfassende Darstellung der Kritik am Konzept der sensorischen Integrationsförderung nach J. Ayres erfolgen. Dies geschieht mit dem Ziel:

- dem Entstehen des Eindrucks eines „rezeptartigen Wundermittels", das dieses Konzept bedeuten könnte, entgegenzuwlrken.

- Es muß der kompetenten Weiterentwicklung des Ansatzes durch weitere Autoren (z.b. BRAND, BREITENBACH, BRÜGGEBORS, DOERING, MILZ) Rechnung getragen werden.

- Die Sichtweise eines ganzheitlichen Menschenbildes verlangt nach kritischen Ergänzungen des Konzepts (weitere Faktoren, die den „Ganzheitlichkeitsaspekt" unterstützen, werden gesondert in den nachfolgenden Kapiteln genannt). Dennoch soll eine kritische Würdigung des Konzepts dieses Kapitel abschließen.

Reduktionismus auf den verschiedensten Ebenen kennzeichnet schwerpunktmäßig die Kritik an dem „Ayres-Konzept" in der Fachliteratur. Berechtigt sollten nach Ansicht der Autorin vor allem folgende kritische Sichtweisen reflektiert und diskutiert werden:

- die Grundlagen des Konzepts basieren auf wissenschaftlichen Erkenntnissen zur Verarbeitung sensorischer Impulse, die AYRES aus Ergebnissen der Erforschung tierischer Gehirne ableitete. Wissenschaftler wie LURIJA widersprechen z.B. der Übertragbarkeit auf den Menschen.

ein „funktionales" Konzept?

- Vor allem JANTZEN kritisiert, daß viele der von AYRES verwendeten Modelle Vereinfachungen darstellen und der Komplexität neurologischer Vorgänge nicht entsprechen („physiologischer Reduktionismus").

- Neuere Erkenntnisse lassen Zweifel daran entstehen, ob eine Zuordnung von Orten der Wahrnehmungsverarbeitung, wie AYRES sie vornimmt, in dieser starren Form heute noch aufrecht erhalten bleiben kann.

- J. AYRES spricht häufiger von einer Behandlung auf „Hirn-stammniveau", indem eine „Dysfunktion" diagnostiziert wur-de, die in AYRES' „linearer Sichtweise" mit dem Hirnstamm in Verbindung gebracht wurde. Die, dem Gehirn zur Verfü-gung stehende Möglichkeit der Kompensation läßt sie da-bei außer Acht.

- In diesem Zusammenhang kritisiert DIETEL, die von AY-RES postulierte lineare Abhängigkeit der höheren von den niederen Hirnstrukturen – eine wesentlich größere Störbar-keit und geringere Kompensationsmöglichkeit des Gehirns würde damit unterstellt.

- Vor allem im Zusammenhang der von AYRES skizzierten sogenannten „Störungsbilder" wird in der Fachliteratur von einer mechanistischen und defizitorientierten Sichtweise der Entwicklung des Kindes gesprochen, da Ayres häufiger von einem „lernunfähigen" Kind spricht und von einem „Nicht-Funktionieren" bestimmter Wahrnehmungsprozesse. Die Komplexität und Vielfalt der Prozesse und Faktoren, die an der kindlichen Entwicklung beteiligt sind, würden reduziert auf vereinfachende Modelle.

- Betont wird aber auch die Widersprüchlichkeit des Men-schenbildes von J. AYRES. Neben reduktionistischen Dar-stellungen finden sich gleichermaßen humanistische Über-legungen, die die Sichtweisen des eigentlichen Konzepts erweitern. Die Äußerungen von AYRES zur Bedeutung von kindlichen Eigenaktivitäten und emotionalen Bedürfnissen verdeutlichen diese Anschauung.

Wie auch immer im Einzelnen die Kritikpunkte zu beurteilen sind – sicherlich lassen sich kindliche Verhaltensweisen nicht ausschließlich auf neurologische Vorgänge zurückführen und sicherlich enthält der Vorwurf eines reduktionistischen Men-schenbildes bei JEAN AYRES berechtigte Anteile.

Dennoch soll dieses Kapitel mit einer kritischen Würdigung des Konzeptes abgeschlossen werden, gilt es doch als eine tragende Säule in dem vorgestellten Leselernkonzept – aus folgenden Gründen:

- stellt es einerseits eine unzulässige Reduktion dar, kindli-che Verhaltensweisen fast ausschließlich auf neurologische

Prozesse zurückzuführen, so kommt doch dem Umkehrschluß genauso negative Bedeutung zu; d.h. zu lange wurden z.B. in der Ausbildung von Lehrern pädagogische, psychologische und soziologische Sichtweisen in der Einschätzung kindlicher Entwicklungen vermittelt – neurologisches Wissen wurde kaum gelehrt. Grundsätzlich ist es als Bereicherung und Ergänzung anzusehen, wenn neurophysiologische Orientierungen, wie sie auch das Konzept von AYRES anregen, in die Betrachtung von Entwicklung, Lernen und Lernbeeinträchtigungen bei Kindern mit einfließen.

ein bedeutender Ansatz mit „Schwächen"

- Wenn ein Kind ganzheitlich gesehen werden soll, dann gehört die neurophysiologische und neuropsychologische Sichtweise auch dazu.

- JEAN AYRES hat durch ihre detaillierte Analyse von Wahrnehmungssystemen eine eklatante Lücke in der Vermittlung sonderpädagogischen Wissens geschlossen – vor allem auch durch die dargestellten Prinzipien von Hemmung und Bahnung als „Selbststeuerungssysteme" im Kind, um Wahrnehmungsimpulse zu kanalisieren.

Die Entdeckung der Nahsinne fürs Lernen

Konkret sollen nun weitere ganzheitliche, das ursprüngliche Konzept ergänzende und relativierende Aspekte in den folgenden Themenbereichen verdeutlicht werden.

5. Der Zusammenhang von Psychomotorik und sensorischer Integrationsförderung

Ingelid Brand   *Spielplatz der Furcht*

Mein Leben entfaltete sich auf dem Spielplatz
mit all seinem Leid und all seiner Freude.
Die Ängste und Zweifel an mir selbst
spielten mit – in dieser Scheinwelt, die eine allzu reale war.

Ich fühlte mich verloren im Dschungel der Turngeräte.
Unsicher meiner selbst – verwirrt.
Meine Richtung unbestimmt.
Und kein Lachen kam von mir,
als ich mich durch dieses Labyrinth des Schreckens wand.

Ich stieg die Stufen der riesigen Rutschbahn hinauf,
schaudernd beim Anblick dessen, was vor mir lag.
Unfähig umzukehren.
Und kein Lachen kam von mir,
als ich blindlings kopfüber stürzte, einem ungewissen Schicksal entgegen.

Ich sauste zur Wippe.
In Erwartung von Spaß und Erregung.
Alles war vorbei, als ich hoch in der Luft hing, im Raume verloren.
Und kein Lachen kam von mir,
als ich aus meinem Traum in die allzu rauhe Wirklichkeit herabfiel.

Ich sprang auf eine Schaukel,
bereit zu beglückender Erfahrung: fliegen!
Als mich die anderen – lachend – über die Grenzen
meiner Toleranz stießen,
trübte die rasante Geschwindigkeit alle guten Vorsätze.
Und kein Lachen kam von mir,
als ich mich an die Hoffnung eines baldigen Endes meiner
Seelenqual klammerte

(aus: DOERING, Dortmund 1990)

Dieser Text verdeutlicht den Zusammenhang von vor allem zwei Aspekten:

- eine große Selbstunsicherheit – wohl bedingt durch eine beeinträchtigte Gleichgewichtswahrnehmung

- und die Folgen, die daraus entstehen im emotionalen und sozialen Erleben.

Förderung Sensorischer Integration und Psychomotorik oft in einem einzelnen Lernschritt

Beide Aspekte – will man sie denn künstlich auseinanderhalten – sind den beiden angesprochenen Förder- und Therapiekonzepten zuzuordnen: der Erstere dem Ansatz der sensorischen Integrationsförderung – der Zweite deutet auf Erlebnisebenen hin, die wesentlich sind für das Konzept der Psychomotorik. Unterschiedliche Schwerpunkte und wechselseitige Wirkungen kennzeichnen das Verhältnis beider Ansätze zueinander. Immer wieder auf diesen Zusammenhang angesprochen, seien an dieser Stelle einige entscheidende Aspekte dazu reflektiert:

- dem Konzept der sensorischen Integrationsförderung kommt das große Verdienst zu, die Bedeutung der Nahsinnessysteme für die Entwicklung und das Lernen des Kindes herausgestellt zu haben.

- die Psychomotorik faßt ihre Handlungsfelder weiter: es geht um die Berücksichtigung der psychischen, physischen und sozialen Faktoren in der Entwicklung des Kindes.

- psychomotorische Förderungen finden in der Gruppe statt

- die sensorische Integrationstherapie findet zunächst in der Einzelsituation statt.

- Es ist ein (oder das) Ziel der psychomotorischen Förderung, die Handlungskompetenz des Kindes auf der „Ich-, Sach- und Sozialebene" zu verbessern.

- Es ist ein (oder das) Ziel der sensorischen Integrationsförderung, die Abläufe von Hirnverarbeitungsprozessen und der sinnvollen Ordnung von Empfindungen zu verbessern.

- Konstituierende Merkmale psychomotorischer Förderung sind:

  - Entscheidungsfreiheit und Freiwilligkeit

  - Handlungsimpulse kommen vom Kind

  - Vermeiden von Bewertung – Verstärken der Eigentätigkeit

- Individuelle Sinngebung und Bedeutungsoffenheit

- Verbesserung motorischer Funktionen und Bewegungs-
fähigkeit

- Bis auf das vorletzte Merkmal gelten diese Prinzipien auch
in der Förderung sensorischer Integration – sicherlich wird
der vorletzt genannte Aspekt in der Fördersituation nicht
ausgeschlossen – vom Grundansatz her wird die sensorische Integrationsförderung – nach gründlicher Diagnostik-
beobachtetes Verhalten aber eher auf Stufen der Wahrnehmungsverarbeitung zurückführen.

Im Verlaufe dieser künstlichen Betrachtung von „Gegenpolen"
der beiden Förderkonzepte wird wohl immer wieder das Ver-
bindende sehr deutlich. Lautete eine Übung im psychomotorischen Rahmen: „male einmal dein rechtes Bein an" – so müß-
ten Förderungen im Rahmen der sensorischen Integrationstherapie dafür sorgen, daß das Kind weiß, wo sein rechtes
Bein ist.

Zwischen den sensorischen Integrationserfahrungen in den
Nahsinnesbereichen und der Ausbildung von Identität, Selbst-
bewußtsein und Selbstwertgefühl besteht ein enger Zusammenhang.

Auch die Ausbildung von sozialen Bezügen ist erst möglich,
wenn die Selbstwahrnehmung stimmt: erst wenn ich mich
„selbst habe" – mir meiner „selbst sicher" bin, kann ich konti-
nuierlich Kontakte herstellen: **ein „weites Feld" in der Förderung und Unterrichtung von Kindern, in dem beide Konzepte – mit je eigenen Schwerpunkten – einen bedeutsamen und sich – ergänzenden Platz einnehmen.**

6. Ganzheitlichkeitsaspekte des vorgestellten Konzepts

„Diese ganzheitliche Wirklichkeit ist Weltdurchsichtigkeit,
eine Weltwahr – Nehmung:
ein Wahr – Nehmen und Wahr – Geben der Welt
und des Menschen und alles dessen,
was die Welt und den Menschen durchscheint".

Jean Gebser

6.1 Therapie und Unterricht

Das, in seiner Entstehung und Umsetzung ergotherapeutische Konzept der sensorischen Integrationsförderung ist ein gutes Beispiel dafür, wie sinnvoll und effektiv es sein kann, therapeutische Ansätze sozusagen zu pädagogisieren. Mit psychomotorischen Übungsformen geschieht dies schon seit langem. Fast selbstverständlich werden heute motivationale Sequenzen und Übungsformen des Unterrichts z.B. mit Bewegungsspielen aus dem „Psychomotorik – Repertoire" gestaltet.

Pädagogik statt Therapie?

Zu diskutieren wären auch die anteilige Integration von Förderangeboten aus dem krankengymnastischen und logopädischen Bereich. Die Einsicht des Kindes in die Nützlichkeit therapeutischer Übungen und die Entwicklung von Vorstellungen zum Transfer und zur Anwendung des Erlernten wird sicherlich erhöht, wenn die entsprechenden „Behandlungen" möglichst in der natürlichen Umgebung des Kindes stattfinden.

Das Merkmal der unterrichtsimmanenten Förderung der sensorischen Integration im Unterschied zu ihrer reinen therapeutischen Gestalt liegt in der Verbindung von, in den Nahsinnesbereichen initiierten Prozessen mit kognitiven Abläufen, die der Leseprozeß auslöst und ihn auslösen. „Basisvoraussetzungen" zum Lesenlernen werden gleichzeitig mit kognitiven Aufgaben aus dem Leselernprozeß verbunden und gefördert.

Läßt sich in diesem Zusammenhang von einer „Effektivitätssteigerung" heilpädagogischer Förderung sprechen?

Liegt nicht das Merkmal der Ganzheitlichkeit unter diesem Gesichtspunkt darin, daß dem Kind das Angebot der Selbstwahrnehmung gleichzeitig auf verschiedenen Ebenen von „Selbst-Erfahrung" gemacht wird?

Auch außerhalb des Bereiches schulischer sonderpädagogischer Förderung kommt dem Schaffen von Verknüpfungen zwischen Therapie und Unterricht mehr und mehr besondere Bedeutung zu:

Therapie und Unterricht in der Regelschule

Sehr eindrucksvoll weist der Film: „Das Schwinden der Sinne" (siehe prakt. Hinweise) auf den immer größer werdenden Förderbedarf im bewegungstherapeutischen Bereich auch bei sogenannten Regelschülern hin. Zum Teil fassungslos und ratlos beschreiben z.b. Grundschullehrer in diesem Film ihre Beobachtungen von immer mehr Schülern, die eingeschränkt sind in ihrer Bewegungskoordination, in ihrer Ausdauer und Konzentrationsfähigkeit, die Raumlagebeziehungen nicht erkennen oder verwechseln, und die z.B. nicht mehr rückwärts laufen können, ohne gleichzeitige visuelle Kontrolle (was auf eine Beeinträchtigung in der Gleichgewichtswahrnehmung deuten kann). „Psychomotorik-Stunden" werden eingeführt in Grundschulen, um die Anregung von wichtigen Entwicklungsabläufen nachzuholen und auszugleichen. Zu viele Stunden vor dem Fernsehen, „zubetonierte" Städte, die Kindern kaum Bewegungs- und Spielmöglichkeiten lassen, bewirken auch bei sogenannten nichtbehinderten Kindern eine Verzögerung und Vernachlässigung in der Selbstwahrnehmung in allen Sinnesbereichen. In diesem Zusammenhang ist die unterrichtsimmanente Förderung der sensorischen Integration unter einem weiteren „sinngebenden" Aspekt zu betrachten: das darin enthaltene Angebot auch für wohl gar nicht so wenige Regelschüler in der sozial- und partnerbezogen akzentuierten Zusammenarbeit mit Schülern mit Behinderungen, an den Lernstationen, bei kognitiv differenzierten Aufgabenstellungen, selbst von dem „Angesprochensein" in den Nahsinnessystemen zu profitieren.

6.2 Die notwendige interdisziplinäre, kollegiale Zusammenarbeit

Folgt man dem Bild des „Steine-ins-Wasser-werfens", die dann die Entstehung von sich weitenden Ringen auslösen, so würde die interdisziplinäre Zusammenarbeit, die notwendigerweise der anteiligen Pädagogisierung ursprünglich rein therapeutischer Konzepte folgt, als ein weiterer „ganzheitlicher Ring" anzusehen sein. In der kollegialen Zusammenarbeit forciert das beschriebene Konzept eine verstärkte interdisziplinäre Kommunikation. So wurde z.b. an der Pestalozzischule in Köln-Porz eine Arbeitsgemeinschaft eingerichtet, bestehend aus zwölf Schülern zweier Mittelstufenklassen, um wöchentlich an einem Nachmittag sensorische Integrationserfahrungen im Mengen- und Zahlunterricht zu machen. Vier Jahre lang wurde diese Arbeitsgemeinschaft von einem Team aus Fachlehrerin, Krankengymnastin, Sonderschullehrerln und Motopädin konzipiert und abwechselnd geleitet – eine „tolle" Erfahrung für jede von uns. Sie war „Mutmacherin" für die anschließende Etablierung der sogenannten „klassenübergreifenden Differenzierung", die einmal wöchentlich in allen Stufen stattfindet.

das Team als konstituierendes Merkmal der Schule der Zukunft

Der sogenannte Kompetenztransfer von Pädagogen und Therapeuten enthält unter anderem vor allem folgende positive Elemente:

die wechselseitig ausgetauschten Kompetenzen bedeuten für jede Berufsgruppe eine Erweiterung ihres „Lernangebot-Repertoires", um in erweiterte, unterschiedlichste Interaktionen mit den Schülern treten zu können.

Die, teilweise gemeinsam geplanten, durchgeführten und nachbereiteten Unterrichtssequenzen führen zu einer „Steigerung" von „Team-Kompetenz" bei allen Beteiligten.

6.3   Zusätzliche Lerneffekte für Schüler mit geistiger Behinderung

Für Schüler mit geistiger Behinderung bringt die unterrichtsimmanente Förderung der sensorischen Integration noch weitere zusätzliche „Lerneffekte" mit sich:

*   die Konfrontation mit dem gleichen Lerninhalt durch unterschiedliche Unterrichtsformen fördert die Flexibilität und das Transfervermögen bei den Schülerinnen und Schülern

*   der in der Unterrichtung so notwendige Übungs- und Vertiefungsaspekt verläuft spielerisch und variantenreich

*   die Handhabung der verschiedenen Lernstationen stellt für viele Schüler auch eine Möglichkeit dar, ihrer Desorganisa-

Identität,
Selbstbewußt-
sein, Selbst-
wertgefühl
und Selbstver-
trauen

tion in Bewegungsabläufen, Handlungsplanungen- und -abläufen (Dyspraxie) entgegenzuwirken, indem ordnende und gleich verlaufende Handlungsstrategien den einzelnen Übungen immanent sind

- deutlichstes Ergebnis und als bedeutsamst anzusehendes Ziel im Umgang mit dem Konzept ist neben der unterschiedlich erworbenen Sachkompetenz bei den Schülern ihre ausgeglichene Lernhaltung, die Ausbildung von Selbstbewußtsein, Identität und ihr stabilisiertes Selbstwertgefühl.

Nachbemerkungen

„Ich fand sehr viel Spaß daran, den Alltag phantasievoll und flexibel so zu gestalten, daß unsere Kinder möglichst viele Erfahrungen mit allen ihren Sinnen sammeln konnten. Indem ich selber auf alle Reize mehr achtete, erlebte und lebte auch ich intensiver. Mein Leben war reicher geworden. Bei einem Baum sehe ich nicht mehr nur seine Gestalt vor mir, sondern fühle gleichsam seine rauhe, nasse Rinde und stelle mir den harzigen Duft vor"

(Defersdorf, 1991, S. 32)

„Den Sinn für die Sinne zu stärken" – so könnte man das Zitat zusammenfassen und so würde ich gern das vorgestellte Konzept vorläufig abrunden.

Mit der Gestalt des Unterrichts an Lernstationen zur unterrichtsimmanenten Förderung sensorischer Integration sollte ein Konzept beschrieben werden, das versucht, schulpädagogische, entwicklungspsychologische und neurophysiologische Erkenntnisse miteinander in Verbindung zu setzen. Sonderpädagogisches Wissen kann dadurch ergänzt und erweitert werden, um somit den Schülern neue Wege zur Aufnahme von Informationen zu eröffnen.

Das Handeln und Lernen in Bewegung stellt ein Angebot dar, das mit hoher Wahrscheinlichkeit den „lernmethodischen" Interessen vieler Schülerinnen und Schüler entspricht. Die reflektierende Beachtung der Gesamtpersönlichkeiten der Schüler und ihrer emotionalen und sozialen Lebenswirklichkeiten bildet dabei den einzubeziehenden Kontext in der Umsetzung des Ansatzes.

„Nachbemerkend" sollen die Gedanken der Leserinnen und Leser noch einmal „rückgebunden" werden auf „Vorbemerktes": bei aller Begeisterung und Überzeugtheit der Autorin für das Konzept soll dennoch deutlich hervorgehoben werden, daß es sich zwar um einen erweiternden und wohl auch viele Lernwirklichkeiten treffenden Ansatz handelt, dem jedoch als Ganzes und in Einzelaspekten der Angebotscharakter immanent ist und sein muß. Ein Angebot ist das Konzept, um konsensuelle Bereiche zwischen Lernpartnern entstehen zu lassen und dem Angebotscharakter ist auch die Ablehnung oder die Möglichkeit des Ignorierens immanent:

„Im Kontext der zwischenmenschlichen Beziehung macht dieses Verständnis die Eigenständigkeit, die Eigenbestimmtheit und letztlich auch

Eigenverantwortung auch des „schwer geistig behinderten" Interaktionspartners deutlich". (Wagner, 1995, S. 217)

Danksagung

Bedanken möchte ich mich bei meiner Kollegin, Brigitte Nonn, die mit mir gemeinsam die Lernstationen entwickelte und beständig, engagiert und unterstützend dazu beitrug, das Konzept zu entwickeln und in die Unterrichtsgestaltung zu übertragen.

„Danke" an alle Kolleginnen und Kollegen der Pestalozzischule in Köln-Porz-Wahnheide, die so interessiert und aufgeschlossen das Konzept geprüft und in ihren Unterricht integriert haben. „Danke" an das ganze Kollegium, das mit offenen Türen und der Bereitschaft zu Mehrbelastung über Jahre hinweg so viele Hospitanzen von „überall her" ermöglichte.

Von Herzen bedanke ich mich bei Hacer, Susanne, Kerstin, Stefanie, Fatih, Joshua, Tim und Anton – den Schülern der „ersten Stunde". Mit Lebensfreude, Phantasie und Kreativität gestalteten sie das neue Angebot des Lernens und waren uns Lehrerinnen eine Quelle der Inspiration, des Korrektivs und der Ermutigung auf oft bestaunens- und bewundernswerte Art und Weise. Meine Kollegin, Brigitte Nonn und ich verdanken ihnen Jahre unvergeßlicher Lernerlebnisse.

Danke an meine Freundin Elisabeth für die beständige und stets ermutigende Unterstützung, „einfach alles aufzuschreiben"!

Praktische Hinweise und Arbeitshilfen

1. Empfehlungen von Leselehrgängen – nicht nur für Kinder mit sonderpädagogischem Förderbedarf:

BERRES-WEBER, A.: Geistigbehinderte lesen ihren Stundenplan. Dortmund 1995

DANK, S.: Geistigbehinderte lernen ihren Namen lesen und schreiben. Dortmund 1995

Leben lernen in der Schule – Lesen. Materialien für den Unterricht mit Geistigbehinderten. In Zusammenarbeit mit dem Heilpädagogischen Centrum Augustinum. München 1980. Arbeitsblätter zum Leselehrgang, Best. Nr.: 1303 ISBN 3-4712-1303-1

MARX, U./STEFFEN, G.: Lesenlernen mit Hand und Fuß. 3 Bände. Persen-Verlag. Horneburg 1990

REICHEN, J. und Mitarbeiter: Lesen durch Schreiben. Wie Kinder selbstgesteuert lesen lernen. Heft 1-8. Heinevetter-Verlag. Hamburg 1988[3]. ISBN 3-25201156-5

SCHULZE, I./HIPP, W.: Lesen mit Lo. Bonn/Bad Godesberg 1989/90

2. Anfrage und Information zu dem „Elternfragebogen zur Erfassung von Suche und Vermeidung von Reizen in 5 Wahrnehmungsbereichen":

Institut für Fortbildung und Beratung Waltraut und Winfried DOERING; Hagenauer Straße 19; 28211 Bremen; Tel.: 0421 – 34 99 247; Fax: 0421 – 34 77 967

Das Institut bietet ein umfangreiches Fortbildungsangebot im Rahmen der „Entwicklungsbegleitung" an – mit den Schwerpunkten der psychomotorischen und sensorischen Integrationsförderung.

3. Elterninformation zur Sensorischen Integration:

Rega SCHAEFGEN: „Sensorische Integration" Eine Elterninforrnation zur sensorischen Integrationstherapie (mit Bildern von P. SCHAUF und M. STEINGRÖVER). ISBN 3-933321-19-0

Weitere Inforrnationen und Bezug der Informationsschrift bei: „GfpF" – Gesell-
schaft für praxisbezogene Fortbildung; Postfach 28; 29466 Bergen; Tel.: 05842
– 9883 – 0; Fax: 05842 – 1288

4. Ergotherapeutische Praxen in der BRD mit dem Beratungs- und Behandlungsangebot (u.a.) der Sensorischen Integrationsdiagnostik und – Therapie:

Deutscher Verband der Ergotherapeuten e.V.; Postfach 2208; 76303 Karlsbad;
Tel.: 07248 – 9181 – 0; Fax: 07248 – 91 8171

Unter der Anschrift ist eine Liste aller Anschriften und Behandlungsschwer-
punkte der niedergelassenen Mitglieder des DVE zu beziehen.

5. Fortbildungsangebote zur Psychomotorik und sensorischen Integrationsförderung in Kindergarten und Schule:

Rheinische Akademie im Förderverein Psychomotorik; Wernher-von-BraunStraße
3; 53113 Bonn; Tel.: 0228 – 21 61 81; Fax: 0228 – 21 61 20

6. Handreichung zu „Bewegung und Wahrnehmung als Schwerpunkte sonderpädagogischer Förderung"

Landesinstitut für Schule und Weiterbildung: „Schule anders wahrnehmen – Schule
anders bewegen". Verlag für Schule und Weiterbildung. DruckVerlag Kettler GmbH.
Best.Nr: 4145; Postfach 1150; 59193 Bönen. ISBN 3-8165-4145-3

7. Filmmaterial zu Fragen der Auswirkungen von Wahrnehmungsstörungen auf die Lernmöglichkeiten von Schülerinnen und Schülern:

„Das Schwinden der Sinne" von REINHARD KARL aus der Reihe: „Kindheit
heute" NDR 3, 1992

Brigitte NONN, Stefanie LÖFFLER und Marietta WISCHMEYER: „Zweimal die
Woche ist SI!" Vorstellung von Lernstationen zur unterrichtsimmanenten Förderung der sensorischen Integration mit geistigbehinderten Schülern (noch unbe-
arbeitete Videodokumentation – Ausleihe nach persönlicher Absprache, Pestalozzischule, Köln-Porz-Wahnheide)

8. Hintergrundmusik-Empfehlungen zum Lernen an Lernstationen:

„Chambers of the Heart" AEOLIAH Oreade Music, P.O. Box 101; 2110 AC Aerdenhout; Holland; Phone: 0031 – (0)23 – 24 52 23; Fax: 0031 – (0)23 – 24 42 01

„Love Song To A Planet" Bauer Musikverlag, Edition TON; Kronenstr. 2; 79100 Freiburg; Tel.: 0761 – 70 82-0; Fax: 0761 – 70 18 11

9. Verwendete Laut-Handzeichen

im Rahmen des Erstleseunterrichts und als Artikulationshilfen – Pestalozzischule, Köln-Porz-Wahnheide, 1994 -

a	die Fingerspitzen der Zeigefinger und Daumen gegeneinander drükken – vor dem Mund ein Dreieck bilden
o	Zeigefinger und Daumen einer Hand bilden vor dem Mund einen Kreis
i	Zeigefinger mit ausgestrecktem Arm in die Luft stechen
e	breiter, schmaler Mund – beidhändig jeweils Zeigefinger und Daumenspitzen aufeinander legen und den Mund an beiden Seiten andeutungsweise breit ziehen
ei	eine Wange streicheln
au	in die Wange kneifen
u	Zeigefinger und Daumen einer Hand spreizen und als angedeutetes u ans Kinn legen (um den Mund)
m	drei Finger an den geschlossenen Mund legen
n	zwei Finger an einen Nasenflügel legen
r	schneller Wechsel von Zeigefinger und Mittelfinger am Kehlkopf angedeutet (Motor)
l	l-beschreibende Bewegung mit dem gestreckten Zeigefinger vom Mund weg
f	den gestreckten Zeigefinger auf die Mitte der Unterlippe drücken
w	den gestreckten Zeigefinger waagerecht unter die Unterlippe legen

h	in die Handinnenfläche hauchen
sch	durch Eindrücken an beiden Wangen mit den Zeigefingerspitzen einen „Schnütchenmund" bilden
t	wegstoßen des gestreckten Zeigefingers von der Unterlippe aus
d	Daumen an Unterlippe drücken und liegenlassen
s	Zeigefinger und Daumen einer Hand aufeinanderlegen und „Luftstrom aus dem Mund ziehen"
Ch (ich)	Zeigefinger und Daumen einer Hand spreizen und um den oberen Hals legen
ch (ach)	Zeigefinger und Mittelfinger gestreckt an den Kehlkopf legen
b	die runde Hand mit Fingerkuppen an die Unterlippe legen
p	die Fingerkuppen einer runden Hand an die Unterlippe legen und explosiv öffnen und wegstoßen
k	den gekrümmten Zeigefinger vom Kehlkopf wegdrücken
g	die gekrümmte Hand an den Kehlkopf legen

10. Auszug aus einem Anamneseprotokoll

Fragen zu den einzelnen Wahrnehmungsbereichen (vgl auch Kapitel 3.1.5)

(Das gesamte Anamnese-Protokoll kann eingesehen oder bezogen werden über die Autorin an der Pestalozzischule, Köln-Porz-Wahnheide)

Vestibulärer Bereich

Wie reagiert das Kind auf:
bewegt werden, tragen, schaukeln, schütteln, hochwerfen, drehen, Kinderwagenfahren, Autofahren, Karrussellfahren, Schaukel, Rutsche etc.?
Wie bewegt sich des Kind selbst:
wenig / viel, langsam / schnell, sicher / unsicher, ängstlich / waghalsig
Sucht es Bewegungsreize? Vermeidet es Bewegung?
Klammert es?
Ermüdet es schnell?

Wie ist die Körperhaltung:

schlaff / straff, das Sitzen, Stehen, Laufen, Treppensteigen, Klettern, Radfahren

Wie findet Positionswechsel statt:

fließend, langsam, wenig, ständig

Wieviel Freude hat es an Bewegung?

Spielt es lieber draußen oder drinnen?

Taktiler Bereich

Wie reagiert das Kind auf berührt werden:

anfassen, streicheln, schmusen, knuddeln, bei Mutter, Vater, Verwandten, Fremden

auf anziehen, ausziehen, waschen, eincremen, Wasser im Gesicht, Haarewaschen,

Fuß- und Fingernägel schneiden

Wie reagiert es auf Kleidung:

lose, locker sitzende Sachen, Schuhe, kurze, lange Ärmel, Mütze, Handschuhe

Wie reagiert es auf:

Wind, Luftzug, Wärme, Kälte?

Wie reagiert es auf: feuchte, klebrige Sachen, z. B. Honig, Marmelade an Mund, Händen, Sand, Gras an Füßen?

Wie reagiert es auf Nahrung:

ißt es nur breiige, weiche oder feste Sachen, lieber kalt?

Wie geht es selbst mit Menschen um:

schmust es von sich aus oder gar nicht? Vermeidet es Kontakt? Ist es lieber allein?

Ist es lieber mit älteren oder kleineren Kindern zusammen?

Wie geht es selbst mit Material um:

wie faßt es Dinge an, mit den Fingerspitzen, der ganzen Hand? „Begreift" es die Dinge? Setzt es sich damit auseinander? Wieviel, wie oft faßt es etwas an?

Welche Dinge faßt es an: nur bestimmte, weiche, flauschige, glatte, kühle, harte, hat es besondere Vorlieben? Wie lange behält es Dinge in den Händen?

Welche Körperbereiche wirken besonders empfindlich, unempfindlich?

Tiefensensibler Bereich

Wie reagiert das Kind auf Bewegungsanforderungen:

sei es durch die Situation, durch Erwachsene, durch Kinder?

Welchen Aufforderungscharakter haben Spielsachen, Spielgeräte, Spielsituationen?

Wie schnell, flüssig, harmonisch sind Bewegungsabläufe, Bewegungswechsel, Positiv Positionswechsel I ?

Wie wirkt das Kind bei Bewegungsspielen, Ballspielen, Laufen, Klettern?

Wie paßt sich die Körperhaltung einer Bewegung an:

bleibt der Körper starr bei Armbewegung, Kopfdrehung?

Können Körperteile einzeln bewegt werden?

Wie schnell, langsam ist Positionswechsel, Erlernen von neuen Bewegungen?

Wie ahmt das Kind nach? Kann es Rollen übernehmen, sich verkleiden?

Wie genau, gezielt sind die Bewegungen:

erreichen sie ihr Ziel? Sind sie zu schnell, zu weit, daneben? Stößt es oft an oder etwas um?

Wieviel Kraft wird eingesetzt:

kann es diese dosieren, der Gelegenheit anpassen? Fällt öfter etwas aus der Hand?

Geht öfter etwas kaputt?

Wie ist die Handhabung von Werkzeug, Besteck, Schlüssel, Stift, Schere?

Wie geht das Kind mit Mißerfolg um:

probiert es weiter oder gibt es auf?

Geruch / Geschmack

Wie empfindlich / unempfindlich reagiert das Kind auf Gerüche? Fallen Gerüche sofort auf? Erforscht es durch Riechen, Schmecken? Zieht es sehr starke Gerüche, Geschmacksreize vor? Wird ihm leicht übel?

Hören

Wir reagiert das Kind auf Geräusche, auf plötzliche, laute Geräusche, Stimmengewirr, Straßenlärm, Musik? Braucht es Musik, z. B. um Aufgaben zu machen? Ist es selbst sehr laut? Beschwert es sich, daß andere laut sind? Hört es alles, „Hört" es nicht?

Sehen

Läßt das Kind sich leicht von visuellen Reizen ablenken? „Sieht es alles?" Läßt es sich die Augen verbinden? Stimuliert. es sich visuell?

(Quellenangaben zum Anamnesebogen:

BRAND, I., BREITENBACH, E. und MAISEL, V.: Integrationsstörungen. Würzburg 1988

SCHOPLER,E., REICHLER, R und LANSING, M.: Strategien der Entwicklungsförderung. Dortmund 1983

WANKERL, E.: Ergotherapeutische Praxis, Rheinbach 1978

Glossar

Auge-Hand-Koordination:
Verbindung von visuell aufgenommener Information mit der Handmotorik.

Bilateralintegration:
Koordiniertes Zusammenspiel beider Körperhälften. Bei einer gestörten Bilateralintegration besteht die Tendenz, z.b. jede Hand unabhängig von der anderen zu benutzen und zwar jeweils auf der zugehörigen Seite.

Dyspraxie:
Mangelhaft ausgebildete Fähigkeit, eine motorische Tätigkeit zu planen und diese in einer zeitlich geordneten Reihenfolge von koordinierten Bewegungen auszuführen. Bewegungen, die schon sehr oft durchgeführt wurden, sind habituelle Bewegungen und benötigen keine motonsche Planung. Dyspraktische Kinder erscheinen ungeschickt, schwerfällig und unkoordiniert. Sie haben meist Probleme mit dem An- und Ausziehen sowie im Gebrauch von Werkzeugen.

Großhirnhemisphären:
Die zwei großen Teile des Gehirns, welche oberhalb des Hirnstamms liegen. Die Hemisphären setzen die Verarbeitung von Sinneseindrükken, die in den niedriger gelegenen Hirnebenen aufgenommen werden, fort und tragen zur Auslösung willkürlicher Bewegungsreaktionen und zum Verhalten eines Menschen bei.

Kinästhetische Wahrnehmung:
Wahrnehmung der eigenen Bewegung durch Information aus den Muskeln, Sehnen und Gelenken.

Konstruktivismus:
Eine philosophische Denkrichtung, deren hauptsächlichstes Charakteristikum darin besteht, die uns umgebende Realität als sozial konstruierte Realität anzusehen. Realität ist dann nicht einfach objektiv gegeben und als solche im individuellen Bewußtsein richtig oder falsch abgebildet, sondern was Realität ist, stellt sich heraus als Ergebnis eines Prozesses sozialer Konstruktion. In diese soziale Konstruktion gehen die Sichtweisen der an ihr beteiligten Individuen gleichberechtigt ein.

Körperschema:
Konzept, Vorstellung vom eigenen Körper. Das Körperschema enthält Informationen über jeden Abschnitt des Körpers, die Beziehungen zwischen den einzelnen Körperteilen und über alle Bewegungsmöglichkei-

ten, die jeder einzelne Körperabschnitt durchführen kann. Ein gut koordiniertes Körperschema ermöglicht es dem Menschen, jederzeit zu fühlen, was sein Körper im Moment tut, ohne daß er hinsehen oder ihn mit den Fingern berühren muß. Das Körperscherna entsteht im Gehim als Folge von Empfindungen von der Haut, den Muskeln und Gelenken, der Erdschwere und der Bewegungswahrnehmung.

Motorisch:
Eine durch Zusammenziehung oder Erschlaffung eines Muskels oder von Muskelgruppen ausgelöste Bewegung betreffend. Dabei muß die Zusammenziehung einer Muskelgruppe synchron mit der Erschlaffung der entgegengerichteten Muskelgruppe erfolgen. Hierfür ist eine genau abgestimmte Dosierung des Spannungszustandes (Tonus) eines jeden Muskels die Voraussetzung.

Neuron:
Nervenzelle.

Phonologie:
Lautlehre.

Physiologie:
Lehre von den Funktionen der einzelnen Organe (z.B. Sinnesphysiologie).

Propriozeptive Wahrnehmung:
Wahrnehmung des eigenen Körpers.

Taktile Wahrnehmung:
Wahrnehmung mit der Haut.

Vestibuläre Wahrnehmung:
Gleichgewichtswahrnehmung.

Wahrnehmung:
Die Bedeutung, die das Gehirn einem Sinneseindruck beimißt. Empfindungen sind objektiv; Wahrnehmung ist subjektiv.

Semantik:
In der Sprachbetrachtung: die Bedeutungslehre.

Sensomotorik:
Funktionseinheit von Reiz und Reaktion, von Wahrnehmen und Handeln.

Syntax:
In der Sprachbetrachtung: die Satzlehre.

Synapse:
Verbindungsstelle zwischen zwei Nervenzellen.

Zentralnervensystem (ZNS):
Das ZNS besteht aus Gehirn und Rückenmark. Diese beiden Anteile des ZNS liegen in knöcherne Hüllen eingebettet: das Gehirn in der Schädelhöhle und das Rückenmark im Wirbelkanal. Damit ist das hochempfindliche Nervengewebe optimal vor mechanischer Beschädigung geschützt.

Literatur

Ackermann, U. / Müller, B. / Urfer, R.: Sinn-Salabim. Mülheim a.d. Ruhr 1993

Affolter, Felice: Wahrnehmungsprozeße, deren Störung und Auswirkung auf die Schulleistungen, insbesondere Lesen und Schreiben. In: Z. Kinder- und Jugendpsychiatrie 3/1975, S. 223-234

Ayres, A.Jean: Bausteine der kindlichen Entwicklung. Berlin / Heidelberg 1984

Ayres, A.Jean: Lernstörungen. Sensorisch – integrative Dysfunktionen. Berlin / Heidelberg 1979

Bleidick, Ulrich: Lesen und Lesenlernen unter erschwerten Bedingungen. Essen 1972

Brand, I. / Breitenbach, E. / Maisel, V.: Integrationsstörungen. Würzburg 1988

Brüggebors, G.: Einführung in die Holistische Sensorische Integration. Teil 1 und 2. Dortmund 1992

Brüggebors, G.: Körperspiele für die Seele. Reinbek bei Hamburg 1989

Defersdorf, R.: Drück mich mal ganz fest. Freiburg 1991

Defersdorf, R.: Ach, so geht das. Freiburg 1993

Dehn, M. / Castrup, K.H.: Lesen- und Schreibenlernen in der Schule. Frankfurt a.M. 1983

Dietel, B.: Sensorische Integration nach Jean Ayres. Einige kritische Anmerkungen. In: Der Kinderarzt 10/1987, S. 1360-1369

Doering, W. u. W.: Bewegen und Denken – Sensorische Integrationsbehandlung. In: Praxis der Psychomotorik 1/1989, S. 17-24

Doering, W. u. W.: Sensorische Integration. Dortmund 1990

Dzikowski, S.: Störungen der sensorischen Integration bei autistischen Kindern. Weinheim 1988

Eggert, D. / Lütje-Klose, B.: Theorie und Praxis der psychomotorischen Förderung. Dortmund 1992

Fellheimer, C.: Teilleistungsstörung als Verursacher von Lernbehinderung? In: Z. f. Heilpädagogik 4/1985, S. 277-284

Feldenkrais, M.: Bewußtheit durch Bewegung. Die Entdeckung des Selbstverständlichen. Frankfurt a.M. 1968

Fischer, D.: Neues Lernen mit Geistigbehinderten. Würzburg 1978

Flehmig, I.: Normale Entwicklung des Säuglings und ihre Abweichungen. Stuttgart 1983

Frostig, M./ Maslow, Ph.: Lernprobleme in der Schule. Stuttgart 1978

Gabel, H.: Der Beitrag der wichtigsten sensorischen Analysatoren zur Gleichgewichtserhaltung. In: Motorik 3/1984, S. 129-137

Gebser, J.: Ursprung und Gegenwart. München 1992

Gibson,J.: Die Sinne und der Prozeß der Wahrnehmung. Bern, Stuttgart 1982

Graichen, J.: Störungen der Integration. In: Remschmidt, H. / Schmid, M. (Hrsg.): Neuropsychologie des Kindesalters. Stuttgart 1981, S. 280-291

Gramm / Chomsky, N.: In: *Lange, G. / Neumann. K. / Ziesenis, W.* (Hrsg.): Taschenbuchs des Deutschunterrichts, Bd 1, Ort 1980

Grimm, H.: ABC mit allen Sinnen. Lichtenau 1992

Gümbel,R.: Erstleseunterricht. Frankfurt a.M. 1989

Gutezeit, G.: Neuropsychologische Aspekte zur zentralen Organisation von Leselernprozeßen. In: Praxis Kinder- und Jugendpsychiatrie 1978, S. 253-260

Holle, B.: Die motorische und perzeptuelle Entwicklung. Weinheim 1993

Irmischer, E. / Irmischer, T.: Bewegung und Sprache. Schorndorf 1988

Jacobi, P.: Entwicklung der Wahrnehmung. In: Remschmidt, H. / Schmidt, M. (Hrsg.): Neuropsychologie des Kindesalters. Stuttgart 1981, S.101-109

Jantzen,W.: Orientierungs- und Abbildintegration – zur Kritik von Jean Ayres' neurophysiologischer Theorie, sensorisch-integrativer Dysfunktion als Grundlage der Therapie von Lernstörungen. In: Feuser, G./Jantzen, W. (Hrsg.): Jahrbuch für Psychopathologie und Psychotherapie 4/1984, S. 140-167

Kemler, H.: Sensorisch-integrative Dysfunktionen nach Jean A. Ayres, 1.Teil. In: Praxis der Psychomotorik 2/1988, S. 70-74

Kemler, H.: Das Konzept der sensorisch-integrativen Dysfunktionen von Jean A. Ayres – 2. Teil. In: Praxis der Psychomotorik 3/1988, S.112 -115

Kesper, G. / Hottinger,C.: Mototherapie bei sensorischen Integrationsstörungen, München 1992

Kiphard, E.J.: Dyspraxie – das Problem kindlicher Handlungsstörungen. In: Praxis der Psychomotorik 1988

Kiphard, E.J.: Motopädagogik. Dortmund 1992

Kiphard, E.J.: Mototherapie I. Dortmund 1994

Kiphard, E.J.: Mototherapie II. Dortmund 1994

Kiphard, E.J.: Funktionsstörungen des menschlichen Gleichgewichtsorgans und ihre Beeinflussung durch Übung. Motorik 1/1985

Kiphard, E.J.: Übungsvorschläge zur Verbesserung vestibulärer Funktionen. In: Motorik 2/1985, S. 73-76

König, K.: Sinnesentwicklung und Leiberfahrung. Stuttgart 1978

Krawitz, R.: Pädagogik statt Therapie. Vom Sinn individualpädagogischen Sehens, Denkens und Handelns. Bad Heilbrunn 1995

Krüll, M.: Die Geburt ist nicht der Anfang. Stuttgart 1990

Kükelhaus, H.: Entfaltung der Sinne. Frankfurt 1984

Liebrich, K. / Schubert H.: Auf den Schwingen der Bewegung und Phantasie. Donauwörth 1994

Loeffler, S.: Leseunterricht in Bewegung. Unveröffentl. Hausarbeit, Uni Köln 1995

Lurija, R. L.: Das Gehirn in Aktion. Einführung in die Neuropsychologie. Reinbek 1992

Maturana H. / Varela, F.: Der Baum der Erkenntnis. Bern und München 1984

Marx, U. / Steffen, G.: Lesenlernen mit Hand und Fuß. 3 Bde. Horneburg 1990

Matjugin, I. u.a.: Tastgedächtnis. Dortmund 1993

Matjugin, I. u.a.: Geruchsgedächtnis. Dortmund 1993

Meister-Vitale, B.: Lernen kann phantastisch sein. Bremen 1993

Menzel, W.: Zur Integration der Methoden beim Lesen- und Schreibenlernen. Bad Heilbrunn 1977

Miske-Flemming, D.: Theorie und Methode zur Behandlung von perzeptionsgestörten Kindern. Dortmund 1980

Milz, I.: Neuropsychologie für Pädagogen. Neuropsychologische Voraussetzungen für Lernen und Verhalten. Dortmund 1996

Montessori, M.: Schule des Kindes. Freiburg 1976

Muth, J.: Erstleseunterricht an Grundschulen in NRW. Ratingen 1973

Nadolny, S.: Die Entdeckung der Langsamkeit. München 1989

Niemeyer, W.: Fördernder Leseunterricht. Stuttgart 1981

Olbrich, I.: Psychomotorische Sprachentwicklungsförderung in der integrierten Sprach- und Bewegungstherapie. In: Die Sprachheilarbeit 2/1987, S. 59-68

Piaget, J.: Das Erwachen der Intelligenz beim Kinde. München 1992

Reichen, J. und Mitarbeiter: Lesen durch Schreiben. Wie Kinder selbstgesteuert lesen lernen. Hamburg 1988

Remschmidt, H.: Störungen der Handlungsabläufe. In: Remschmidt,H. / Schmidt. M. (Hrsg.): Neuropsychologie des Kindesalters. Stuttgart 1981, S. 241-247

Röttgen, G.: Spielerlebnisse zum handelnden Spracherwerb. Dortmund 1993

Sacks, O.: Der Mann, der seine Frau mit dem Hut verwechselte. Hamburg 1990

Sacks, O.: Der Tag, an dem mein rechtes Bein fortging. Hamburg 1989

Schaefgen, R.: Sensorische Integration. Eine Elterninformation zur sensorischen Integrationstherapie (mit Bildern von P. Schauf und M. Steingrover). 1994

Schärli, O.: Werkstatt des Lebens. Durch die Sinne zum Sinn. Aarau 1991

Schmalohr, E.: Frühes Lesenlernen, Heidelberg 1973

Schmidt, M. (Hrsg.): Neuropsychologie des Kindesalters. Stuttgart 1981

Schmidt, R.: Grundriß der Neurophysiologie. Berlin 1977

Schmitz, G.: Erfahrungen mit dem Marianne-Frostig-Programm zur visuellen Wahrnehmungsförderung: In: Der Sprachheilpädagoge 1/1982 S. 19-36

Schopler, E. / Reichler, R. / Lansing, M.: Strategien der Entwicklungsförderung, Dortmund 1983

Schultze, I. / Hipp, W.: Lesen mit Lo. Bonn/Bad Godesberg 1989/90

Sennlaub, G.: Spaß beim Schreiben oder Aufsatzerziehung?. Stuttgart 1980

Staatsinstitut f. Schulpädagogik und Bildungsforschung München (Hrsg.): Handreichungen für Diagnose und Förderklassen: Erstrechnen (1986), Erstschreiben (1988), Erstlesen (1989)

Staatsinstitut für Schulpädagogik München: Lesen. In: Lernen Konkret. Kursheft Lesen lernen. 1982

Tomatis, A.: Der Klang des Lebens. Reinbek bei Hamburg 1990

Topsch, W.: Lesenlernen / Erstleseunterricht. Bochum 1979

Troßbach-Neuner, E.: Die Förderung der auditiven Wahrnehmung als Hilfe zum Aufbau phonemischer Bewußtheit im Schriftspracherwerb sprachbehinderter Kinder. In: Die Sprachheilarbeit 1/1991, S. 17-23

Wagner, M.: Menschen mit geistiger Behinderung – Gestalter ihrer Welt. Bad Heilbrunn 1995

Wankerl, E.: Ergotherapeutische Praxis, Rheinbach 1978

Wischmeyer, M. / Nonn, B.: Zweimal die Woche ist SI! Lernstationen zur unterrichtsimmanenten Förderung sensorischer Integration beim Erstlesen und Rechnen mit geistig behinderten Schülern. In: Z.f. Heilpädagogik 12/1994, S. 877-883

Wischmeyer, M.: Lesenlernen in Bewegung. In: Z.f. Heilpädagogik 7/1996, S. 299-303

Wischmeyer, M.: Lesenlernen in Bewegung. In: „Das reißt uns vom Hocker", *M. Sowa* (Hrsg.), Dortmund 2000

Wischmeyer, M.: Maßnahmen zur Lesemotivation bei sprachbehinderten Kindern eines 1. Schuljahres. Unveröffentl. Hausarbeit. Uni Dortmund 1983

Wolfrum, E.: Taschenbuch des Deutschunterrichts. Baltmannsweiler 1980

Wygotski, L.S.: Denken und Sprechen. Berlin 1964

Zimmer, K.: Das Leben vor der Geburt. München 1990

Zimmer, R.: Handbuch der Sinneswahrnehmung. Grundlagen einer ganzheitlichen Erziehung. Freiburg 1995

Raum für Notizen

Raum für Notizen

Raum für Notizen